Stefanie Körber · Stefan Pott

Liebeserklärung

STEFANIE KÖRBER · STEFAN POTT

Liebes erklärung

So gelingt Ihre Beziehung

ueberreuter

„Ich würde schreiben – für dich.“
„Ich auch.“

Wahrscheinlich	ist
Ihnen	ja
schon	aufgefallen,
dass	dieses
Buch	zwei
Lesebändchen	hat.
Eines	für
Sie,	eines
für	Ihren
Partner	bzw.
Ihre	Partnerin.
An	den
Bändchen	hängt
die	Idee,
dass	Sie
das	Buch
gemeinsam	lesen
oder	sich
vorlesen.	Denn
genau	darum
geht	es
ja	in
der	Liebe
um	das
Teilen,	Mitteilen,
das	Gemeinsame.

1. Auflage 2015

ISBN 978-3-8000-7631-4

Covergestaltung: Saskia Beck, s-stern.com
Coverillustration: © designed by Freepik.com

Satz: Strobl, Satz·Grafik·Design, Neunkirchen
Druck und Bindung: Finidr s. r. o.

www.ueberreuter-sachbuch.at

Inhalt

3 LIEBESABENTEUER

4 LIEBESLEBEN

Vorwort

Kein Mann und keine Frau sind je zusammengekommen und haben sich mit einem tiefen Blick in die Augen zugeflüstert: *„Weißt du, was ich mir wünsche? Dass wir bald schreckliche Auseinandersetzungen wegen absoluter Bagatellen vom Zaun brechen, dass wir uns wehtun, anschweigen und demütigen, dann über Jahre keinen Sex mehr haben und beide fremdgehen – versprichst du mir das?"*

Wir alle suchen in unseren Partnerschaften die große Liebe. Und wir haben eine innere Stimme, einen Kompass, der uns sagt, dass es diese Liebe gibt und dass wir nach dieser Liebe suchen sollen – weil es nichts Größeres und nichts Wichtigeres im Leben gibt. Es gibt dabei aber offensichtlich Hindernisse – die Liebe gelingt nicht einfach so; und schon gar nicht so einfach. Unzählige Bücher sind darüber geschrieben worden, warum das so ist, warum es welche Hindernisse gibt, und die Tendenz geht dahin, sich mit ihnen einzurichten, es sich mit ihnen möglichst bequem zu machen.

Dieses Buch hat eine andere Idee: Je mehr wir wissen, wie die Liebe funktioniert und vor allem, wie sie ganz sicher nicht funktioniert, umso mehr Liebe wird es in unserem Leben geben. Die Liebe bleibt nicht bei den Ahnungslosen.

Der beste Weg aus einer Sackgasse heraus besteht bekanntlich darin, gar nicht erst hineinzugeraten. Partnerschaften haben eine Architektur und sie haben Entwicklungswege, und wenn Sie und Ihr Mann bzw. Ihre Frau diese erkennen, dann haben Sie mit einem Mal Worte und Erklärungen für das, was da passiert, Sie können sich dann besprechen und mitteilen und verstehen – und so haben Sie keine Sackgasse mehr vor sich, sondern einen gemeinsamen Weg. Dann sind Sie nur gestolpert, aber nicht gefallen. Was Sie in der Hand halten, ist ein Buch für Paare, die es wissen wollen – nämlich wie es ihnen gut geht. Es ist ein Buch für alle in langjährigen Beziehungen, die wissen wollen, wie sie aus aktuellen Schwierigkeiten herauskommen und in neue nicht mehr hinein. Es ist aber auch ein Buch für ganz junge Leute, die eine Idee davon haben wollen, worauf es bei dem, was sich Liebe nennt, eigentlich ankommt. Es wäre wunderbar, wenn Eltern dieses Buch ihren Töchtern und Söhnen schenken würden, damit diese sich dann all die Irrwege sowie die größeren und kleineren Katastrophen sparen können, die sie selber vielleicht machen mussten und die gar nicht der Liebe geschuldet sind, sondern dem Unwissen der Liebenden. Und wie das letzte Kapitel zeigt, ist es letztendlich auch ein Buch für Singles, die fast immer nur deshalb Singles sind, weil ihnen niemand genug Mut für die Liebe gemacht hat; jedenfalls noch nicht.

Für sie alle – diese Liebeserklärung.

1

LIEBESTRAUM

Die Welt ist ein Paar

Der kleinste Baustein der Welt ist – ein Paar.

Das ist der Anfang von allem. Alles, was es an wirklich Großem und Wertvollem zu erreichen, zu gestalten und zu entwickeln gibt, beruht auf der Kraft und dem Zusammenwirken eines Mannes und einer Frau, die Seite an Seite durch das Leben gehen[1]. Wir können hinschauen, wohin wir wollen – das Glück dieser Welt und insbesondere das große Glück dieser Welt ist für zwei gemacht.

Guten sagt er. Morgen sagt sie. So heißt es in Bertolt Brechts allerschönstem Liebesgedicht und jeder, der schon einmal geliebt hat, weiß es: Das Aufstehen ist ein anderes und das Lachen auch, genau wie das Reisen und das Planen, die Sorgen und die Erfolge – man kann alles auf dieser Welt allein oder mit Freunden erleben, aber erst für Liebende fühlt es sich ganz an.

Es ist unser Wesen, zu lieben und geliebt zu werden. Wir können nicht hinter die Linie zurück, die von diesem Satz gezogen wird, weil das Leben auf dieser Linie entlangläuft. Die Beziehungen zwischen Mann und Frau bestimmen nämlich auch die Lebensbereiche, die wir auf den ersten Blick gar nicht als Paarbereich wahrnehmen. Das Familienleben zum Beispiel. Es ist ein Irrtum, dass die Familie von den Eltern geformt wird, sie gruppiert sich letztendlich immer um den Mann und die Frau, die Eltern geworden sind. Das Paar gründet die Familie, auch biologisch, und das Paar hält die Familienmitglieder zusammen (oder nicht). In Summe haben eine Familie und ihre Mitglieder immer genau so viel Kraft und Liebe, wie das Paar Kraft und Liebe hat. Das gilt vor allem für die Kinder: Es wird ihnen immer dann gut gehen, wenn es dem Paar gut geht. Wenn Sie das Beste für Ihren Sohn bzw. Ihre Tochter wollen, machen Sie das

---

1 Wir schreiben in diesem Buch immer von Mann und Frau. Das tun wir aus rein praktischen Gründen – wir meinen stets alle Paare und alle Formen des Zusammenlebens.

Beste aus Ihrer Partnerschaft – sich liebende Eltern sind die Wunscheltern von Kindern und die Antwort auf praktisch alle ihre Probleme.

Paare sind auch der Baustein in dem Bereich, der meist gar nicht mit Beziehungen in Verbindung gebracht wird – dem Berufsleben. Es besteht aus Paaren, auch wenn das nicht immer offensichtlich ist und auch hier macht das genaue Hinsehen den Zusammenhang schnell klar. Echter beruflicher Erfolg zeichnet sich dadurch aus, dass er vielen nützt. Karriere gelingt oft noch alleine, insbesondere am Berufsanfang, aber der wirkliche Erfolg ist etwas anderes. Der Nutzen für viele zeichnet die erfüllenden und sinnvollen Tätigkeiten aus – und dieser Erfolg ist fast immer Männern und Frauen in Partnerschaften vorbehalten, weil dafür eine innere Größe und ein Über-Sich-Hinauswachsen notwendig ist, das man alleine nur schwer erreicht.

Für echten Erfolg muss man nämlich auch nach innen arbeiten: Man muss zu verschiedenen Zeiten über die eigenen Ängste und Begrenzungen hinauswachsen, man muss eine Reife erreichen, die nicht auf eine Beförderung, ein Aktiendepot oder einen größeren Dienstwagen zielt. Denn mit wirklich großen Zielen und wirklich großen Gegnern nehmen wir den Kampf nur auf, wenn es jemanden gibt, für den wir als Mensch besser werden wollen, für den wir all das sein wollen, was wir sein können. Für jemanden, den wir lieben.

Das bestätigt übrigens der Blick von der Galerie auf die Anklagebänke der Wirtschaftsprozesse: All die hemmungslosen und orientierungslosen Manager, Berater und Politiker, die auf ihnen Platz nehmen, sind selten Männer oder Frauen in Partnerschaften, in wirklich funktionierenden und liebevollen schon gar nicht. Denn ganz egal wie rücksichtlos, blind oder auch schäbig man für diese Taten als Person selbst sein mag, man hat vor allem niemanden an der Seite, der einem in Liebe sagt: *Hör auf. Du bist nicht so. Ich helfe dir.*

Der kleinste Baustein der Welt ist – ein Paar. So sehr dieser Satz nach innen gilt, also für die Dinge, die uns im Zusammensein gelingen, so sehr gilt er auch für die Dinge von außen, also für die Bedrohungen und Feindseligkeiten dieser Welt, von denen es nicht gerade wenige gibt. Partnerschaften sind ein Schutz vor den Zumutungen dieser Welt. Die Liebe kann ein Sprungbrett sein, aber auch ein Schutzwall.

In diesem Leben warten auf jeden von uns Ereignisse, an denen wir alleine zerbrechen können, es gibt Schicksalsschläge, die uns zu Boden werfen. Ein Paar allerdings wirft so schnell nichts um, jeder Schlag in die Magengrube trifft dann auf eine Hand, die einen nicht auszählt, sondern einem aufhilft. *Zusammen ist man weniger allein* heißt ein besonders schöner Filmtitel und das stimmt – unsere Sehnsucht nach dem anderen, nach dem Zusammenleben, fängt immer bei diesem Schutz vor Einsamkeit und Alleinsein an. Das ist das Geschenk, das jeder Partner in jeder Partnerschaft mitbringt, indem er oder sie einfach nur da ist.

Dieses elementare Verständnis nämlich, dass wir uns mit unserer Partnerschaft nach außen schützen und unser Wachsen nach innen erst ermöglichen, ist die Antwort auf die Frage, warum denn eigentlich die Welt aus Paaren gebaut ist. Wir sind so. Es ist unser Wesen. Die Liebe ist so menschlich wie der aufrechte Gang und sie ist so automatisch wie das Ein- und das Ausatmen. Daher ist die Sehnsucht nach Liebe auch ein Thema, das uns ein Leben lang antreibt. Sie ist eine Sehnsucht von innen, die auch nichts damit zu tun hat, welche kulturell-soziale Form unsere Suche nach Partnerschaft jeweils annimmt; ob wir also heiraten oder nicht, ob in der Kirche oder im Mohnfeld, das ist egal. Unsere Beziehungen werden letztlich nicht von außen gesteuert, sondern von innen.

Wir alle sitzen nicht mit einem „System“ am Frühstückstisch und wir gehen auch nicht mit „den Strukturen“ ins Bett, unsere Kinder werden nicht von „diesem Ganzen“ erzogen und geküsst und geschlagen und es sind ist auch nicht „die da oben“, die uns mit der Sekretärin oder dem neuen Kollegen betrügen und uns in Verzweiflung stürzen. Die Handhabung und die Ausprägung unserer Sehnsucht nach Liebe, die ist immer privat – sie ist immer unsere ganz eigene, wunderbare, schmerzhafte, sehr persönliche Angelegenheit.

Das Leben als Paar ist unser existentielles Ideal, für das zwar seit Jahrhunderten eine Alternative gesucht wird, aber keine je gefunden wurde. Die Schlussfolgerung daraus lautet nicht, dass keine je gefunden werden wird, sondern, dass Sie aufhören können zu suchen. Lieben Sie!

Der neue Freiraum

Es gibt Paare, die heiraten mit 20, bauen dann ein Haus neben dem Haus der Eltern und bekommen zwei Kinder, die sie mit einem Familien-Van zur Schule fahren. Andere denken gar nicht an Bindung und Verbindung, machen erst einmal Karriere, ziehen dann Mitte 30 zusammen ohne zu heiraten und haben vielleicht nie vor, Kinder zu bekommen oder vielleicht doch. Wieder andere finden erst mit 45 und nach einem Leben allein oder mit 63 sowie nach zwei Scheidungen den Mann oder die Frau ihres Lebens; und viele beginnen die Liebe nicht unbedingt als Lebensprojekt, sondern haben sie als Lebensabschnitt im Blick; noch einmal andere verbringen aus Prinzip das ganze Leben als Single und weigern sich, auch nur eine zweite Zahnbürste zu Hause zu haben. Es gibt gleichgeschlechtliche Partnerschaften, Patchworkfamilien, Fernbeziehungen, Single-Existenzen, On-Off-Singleexistenzen und jedes Jahr eine neue Beziehungsmode wie etwa die „Mingles", die mit mehreren Beziehungen gleichzeitig und nebeneinander das Glück suchen, dabei aber vor allem das große Durcheinander zu finden scheinen.

Das alles ist nur möglich, weil sich die äußeren Verhältnisse nicht nur verändert haben – sie haben sich zurückgezogen aus unseren Beziehungen. Aus diesem Rückzug kommt der neue Freiraum von Beziehungen und es wäre ein Fehler, wenn wir diesen Freiraum mit ‚Leerraum' verwechseln. Beziehungen sind heute wirklich freier und nicht leerer, denn in den Raum, den früher die Verhältnisse einnahmen, sind heute zwei neue Grundlagen eingeflossen, die das Paarleben heute von Grund auf neu bestimmen.

Die Emanzipation hat Männer und Frauen von der Fremdbestimmung durch die äußeren Verhältnisse weiter freigemacht. Frauen können heute studieren, Karriere machen, selbst Geld verdienen, sich ihre Sexual- und ihre Ehepartner aussuchen, es können jüngere Männer sein und ärmere und kleinere. Sie müssen keine Kinder mehr haben, um etwas zu gelten und wenn sie schwanger werden, dann müssen sie nicht mehr wegen des Kindes heiraten. Sie müssen auch nicht mehr in Beziehungen bleiben, in denen sie unglücklich sind, und wenn sie geschieden sind, dann sind sie deswegen längst keine Parias mehr und in manchen Büros oder Yogakursen gehören sie damit sogar verlässlich zur Mehrheit.

Diese Freiheiten der Frauen sind gut erzählt, die Freiheiten der Männer, die mit dieser emanzipatorischen Revolution ebenfalls kamen, sind es etwas weniger – aber sie sind deshalb nicht kleiner und sie sind auch nicht geringer einzuschätzen. Männer müssen heute nicht mehr heiraten, wenn sie nicht wollen, auch nicht wegen eines Kindes und sie müssen auch nicht mehr der Alleinverdiener sein, sondern können fordern und fördern, dass ihre Partnerin selbstverständlich einen Beruf hat und Geld verdient. Sie müssen auch kein Haus für die Familie bauen und sich dafür für den Rest des Lebens verschulden, sie können nach der Geburt bei den Kindern bleiben und sich in der Folge um sie kümmern, sie können auf einen Elternabend gehen und gerne Hausmann sein, wenn sie das wollen. Und wenn ein Mann nicht Lehrer, sondern Kindergärtner werden will und nicht Arzt, sondern Krankenpfleger, und wenn er mit 40 seine gut dotierte Stelle in der Versicherung kündigen und noch einmal eine Schreinerei oder einen Botendienst gründen will, dann kann er das. Dann soll er das.

Neben der stärkeren Selbstbestimmung der äußeren Umstände zeichnet die heutigen Paare aber noch etwas aus, und zwar etwas, das man die „Selbstbestimmung der inneren Umstände“ nennen könnte. Spätestens seit Sigmund Freud haben wir ein Bewusstsein dafür, dass es mehr Dinge zwischen Himmel und Erde gibt, als wir uns träumen lassen.

Paare haben damit einen Schlüssel zu den Kräften und Mächten, die bei jedem von uns unter der Oberfläche walten – und diese verhalten sich bekanntlich so wie die Spitze des Eisbergs zum Eisberg. Anders gesagt: Auch Sie sind als Person nicht nur das, was an der Oberfläche von Ihnen zu sehen und zu erleben ist, Sie haben unterbewusste und unbewusste Verhaltensweisen, die Ihr Beziehungsleben mindestens so sehr beeinflussen wie die bewussten und offensichtlichen. Und was die Eisberge angeht: Die Titanic ist nicht vom sichtbaren Teil versenkt worden. Sie wurde der Länge nach aufgeschlitzt von den verborgenen Welten unter der Oberfläche.

Alle diese Entwicklungen haben dazu geführt, dass Beziehungen heute eine ganz andere Qualität haben als früher – oder gar nicht zustande kommen. Es gibt heute für ein Paar keinen anderen Grund mehr, eine Beziehung einzugehen oder eine Beziehung aufrechtzuerhalten als die Liebe. Die vielzitierten Verhältnisse geben nicht mehr den Ton und schon gar nicht den Takt in unseren Beziehungen an, und sie füllen den Raum zwischen den Liebenden nicht mehr aus, den sie früher vollkommen selbstverständlich einnahmen.

Das bedeutet, dass eine Partnerschaft heute das ist, was Sie und der Mann bzw. die Frau an Ihrer Seite aus ihr machen. Wir sind heute alle aus eigener Kraft für unsere Partnerschaften und unsere Beziehungen verantwortlich, wir sind diejenigen, die bestimmen, wie viel Beziehung wir haben und welche Art von Beziehung. Es gibt niemanden, der Sie daran hindern würde, Ihre *Liebesdinge und Heiratssachen* ab morgen anders zu machen, wenn Sie das wollen und es gibt auch niemanden, der sie für Sie anders machen könnte.

Eine Beziehung gelingt heute denen, die sich mit der Liebe beschäftigen und sich von der Liebe nicht ablenken und nicht abbringen lassen. Wenn Sie und Ihr Mann bzw. Ihre Frau die Liebe verstehen, dann können Sie auch Ihre Beziehung verstehen. Und deshalb beginnt diese Liebeserklärung damit, womit auch die Liebe beginnt.

Mit dem Verliebtsein.

Der Sinn des Verliebtseins

Jede Beziehung beginnt mit einem ganz einzigartigen, absolut ungewöhnlichen Zustand, der sich in allem von unserem normalen Leben unterscheidet und der sprachlich zwar die Liebe anklingen lässt, aber ganz offensichtlich noch lange nicht die Liebe ist – die Liebe beginnt mit dem Verliebtsein.

Das Verhältnis der beiden ist erstaunlich unklar. Gemessen an dem, was über die Liebe schon gedacht und zu Papier gebracht wurde, ist das Verliebtsein geradezu ein unbeschriebenes Blatt. Es hat etwas Rätselhaftes und Irritierendes und ist offensichtlich ein Zustand zwischen Wachen und Traum, rauschhaft, dabei nicht von dieser Welt und das einzige, was wir wirklich wissen ist, dass es der Liebe vorausgeht – und viel zu früh zu Ende ist. Wir scheinen ihm das übelzunehmen, denn gemessen am Glück, das es uns schenkt, ist das allgemeine Urteil über das Verliebtsein eher vorwurfsvoll. Der Vorwurf geht in die Richtung, dass es eine Art Trickbetrug sei, eine Art unwiderstehliches Mobilfunk-Angebot, bei dem allerdings verschleiert wird, dass einem gleichzeitig ein sündteurer lebenslanger Vertrag angedreht wird. Das Verliebtsein gilt als Lockvogel mit dem Zweck, Mann und Frau kurzzeitig erblinden zu lassen, sodass sie die Hindernisse und Abgründe nicht sehen, die da sind, und zwar so offensichtlich, dass beide normalerweise kilometerweit das Weite voneinander suchen würden, wenn: ja wenn, sie eben bei Verstand und nicht verliebt wären. Bestenfalls gilt das Verliebtsein noch als das Trostpflaster für den vielen Frust und Ärger, der von einer Beziehung dann doch immer übrig bleibt, man möge es also so lange und so gut wie möglich genießen – es werde nichts Besseres nachkommen.

Kommt Ihnen das bekannt vor? Dann lassen Sie sich sagen, dass diese pechschwarzen Einschätzungen die falsche Geschichte erzählen. Sie erzählen nämlich gar nicht vom Verliebtsein, sondern von der Frustration und der Verzweiflung der Liebenden danach; von der Traurigkeit, soviel gekonnt, aber so wenig erreicht zu haben. Sie erzählen vom Bedauern, aus den vielen Jahren und Gelegenheiten nicht mehr gemacht zu haben, als eben das, was es geworden ist. Als Muster schimmert da zwischen einem zerschlissenen finsteren Stoff hindurch, warum kann das Verliebtsein denn nicht dauern? Denn die Antwort lautet: Es kann – denn es ist etwas ganz anderes.

Das Verliebtsein ist das Geschenk, mit dem jede Liebe beginnt. Es ist ein Fenster, durch das Liebende ihre Liebe sehen können, eine Aussicht, die den Liebenden zeigt, wozu sie fähig sind und warum sie zusammenkommen – es ist die Vision für das, was diese Beziehung sein kann und eine sehr präzise Blaupause für das, was Sie und Ihr Mann bzw. Ihre Frau zusammen erreichen können.

Diese Vision beginnt immer damit, dass sie unvermittelt kommt. Plötzlich und aus heiterem Himmel, wie es so schön heißt. Wir sehen es nicht voraus, wir können es auch nicht planen oder befördern und manchmal verlieben wir uns sogar in eine Person, die wir uns bis dahin als Kandidaten bzw. Kandidatin nicht einmal im Traum hätten vorstellen können. Dieser Überraschungseffekt ist nicht einfach eine Laune der Natur, er hat eine große Bedeutung – er erinnert uns nämlich mit Macht daran, dass wir in der Liebe offensichtlich mit anderen Augen schauen als mit unseren Augen im Kopf. Wir tun offensichtlich das, was durch den Begriff „mit dem Herzen sehen“ so gut beschrieben ist. Wir haben offenbar innere Kräfte, die mit Leichtigkeit alles zur Seite schieben können, was wir uns gemeinhin als geeigneten Partner bzw. Partnerin so vorstellen und uns für den Mann bzw. die Frau an unserer Seite ausmalen und vornehmen. Ganz offensichtlich ist unser Herz von unseren Kopfentwürfen und unseren Träumen, von Eltern- und Freundinnenmeinungen und Lifestyle-Magazinen im wahrsten Sinn des Wortes herzlich unbeeindruckt. Und so ist das Überraschende am Verliebtsein der Umstand, dass wir uns von unserem Herzen überhaupt so überraschen lassen, dass wir nicht viel besser wissen, was bzw. wen es sucht und braucht und auswählt. Denn solange wir ein Herz haben, wird es genau das tun – den Mann bzw. die Frau auswählen, der bzw. die an unserer Seite stehen soll.

Und so wie das Herz anders schaut, so lebt es offensichtlich auch anders: Wenn wir verliebt sind, stellen wir gleichsam von einem Herzschlag zum anderen unser gesamtes bisheriges Leben zur Disposition – Meinungen und Gewohnheiten, Vorlieben und Notwendigkeiten, Ängste und Befürchtungen sind über Nacht das Papier nicht mehr wert, auf dem unsere Überzeugungen sie einst geschrieben hatten. Plötzlich ist vieles, manchmal sogar alles möglich; die Neugier ist einer der elementaren Bestandteile des Verliebtseins, sie ist allgegenwärtig und wir schämen uns kein bisschen für sie – im Gegenteil. Im Zustand des Verliebtseins sind wir zuversichtlich, kreativ und sehr angstlos. Wir experimentieren beim Sex, probieren neues Essen aus, hören uns neue Musik und neue Ansichten an, entdecken andere Städte und Länder und finden spannend und interessant, was wir nicht kennen, anstatt uns dagegen zu wehren. Wir probieren alles aus, was der andere uns nahebringen möchte bzw. was ihm am Herzen liegt, Modemuffel werden so auf einmal gepflegte Erscheinungen und notorische Theatervermeider sitzen dann plötzlich im „Hamlet", Parkett, siebte Reihe.

Ein weiteres Zeichen für die Offenheit und vor allem die Herz-Offenheit von Verliebten ist auch ihre auffällige Redefreude: Verliebte öffnen sich und erzählen sich jede Kleinigkeit aus Kindheit, Schulzeit und Erinnerung, vom letzten Weihnachten und dem letzten Abendessen. Nichts erscheint zu klein oder zu persönlich und peinlich ist gar nichts – es gibt keine Angst vor der Offenbarung seiner selbst, jeder fühlt sich sicher vor Missverständnis und ausgelacht werden, vor Herabwürdigung und Missachtung. Das wird von Außenstehenden gerne belächelt, aber dafür gibt es keinen Grund: Reden ist die Grundlage jeder Beziehung, es ist ohne Alternative, wenn ein Paar seine Differenzen beschreiben, klären und aus der Welt schaffen will – Worte machen das ansonsten Unsichtbare für den anderen hörbar und begreifbar, mit Worten werden die Welten geschaffen, in denen sich ein Paar bewegen kann.

Diese Angstfreiheit untereinander zeigen Verliebte dann auch gegenüber den anderen Personen in ihrer Umgebung: Sie sind zu ihnen auffallend tolerant und freundlich, sie könnten nicht nur das Objekt ihrer Liebe, sondern die ganze Welt umarmen. Unfreundlich oder müde sind Verliebte selten, sie halten sich auch nicht gern mit unnötigen Details auf.

Stattdessen scheinen sie plötzlich Zugang zu neuen und bisher verborgenen Energiequellen zu haben – und sie haben dabei keine Ahnung, woher die kommen.

Aber die wichtigste Botschaft, die das Verliebtsein uns übermittelt, ist diese: Wir erfahren, dass da plötzlich ein Mensch die ganze Welt für uns ist. Wir machen im verliebten Zustand die Erfahrung, dass der richtige Mann bzw. die richtige Frau an unserer Seite alles aufzuwiegen vermag, was uns an der Welt bisher gefehlt hat, dass er oder sie anscheinend ganz leicht in der Lage ist, unsere ganze Welt mit Farben und Bedeutung und Sinn zu füllen. Verliebte verschwinden geradezu von der Bildfläche ihrer Umgebung und haben überhaupt kein Problem, sich den ganzen Abend mit ihrer neuen Flamme zu unterhalten, halbe Sonntage vor dem Fernseher zu verbringen oder einen Regentag lang nichts zu tun, als abwechselnd aus dem Fenster und in die Augen des anderen zu schauen. Als Verliebte wollen wir jede freie Minute mit ihm/ihr verbringen, das Wochenende gilt als fix vereinbart, und zusammen zu verreisen ist überhaupt das größte Glück von allen – mit einem Menschen sind wir auf einmal wieder ganz. Ganz wir selbst.

Wir machen die Erfahrung, dass wir auf seltsame Weise durch einen Menschen von Zerrissenheiten und Unzulänglichkeiten befreit werden, die uns das Leben bisher schwer gemacht haben und alle unsere Beschädigungen und Nöte, all die emotionalen Bruchstellen und Beulen von einem Menschen geheilt werden können. Das kommt uns geradezu göttlich vor, aber natürlich ist der Mann oder die Frau, in die wir uns da verliebt haben, kein göttliches Wesen. Im Gegenteil: Er oder sie ist mit ziemlicher Sicherheit ein ganz normaler Mensch mit Mängeln, also mit Pickeln oder Haarausfall, mit dicken Beinen oder einem dünnen Geduldsfaden, mit einer Vorliebe für seltsame Musik und ungesundes Essen, mit zu weiten T-Shirts und langweiligen Freunden. Es ist eine Mängelliste, aber es ist eine Liste der Menschlichkeit und im verliebten Zustand machen wir die magische Erfahrung, dass all diese scheinbaren Mängel für uns keine Rolle spielen.

Es ist fast ein Wunder: Der Mensch, in den wir uns verliebt haben, findet uns offensichtlich in Ordnung so, wie wir sind. Unsere Schwächen machen ihm nichts aus und anstatt über unser Bäuchlein die Nase zu rümpfen, hat er uns vielleicht tolle Laufschuhe gekauft und uns das Joggen nahegebracht. Vielleicht hat er auch alle Push-ups in einer Nacht-und-Nebel-Aktion verbannt oder verbrannt, weil er unseren vermeintlich zu kleinen Busen tatsächlich und für uns unfassbarerweise wunderschön findet. Die Magie des anderen besteht darin, dass er bzw. sie eine Vision von uns hat, die wir selbst nur schwer sehen können, aber er bzw. sie geradezu mühelos. Es entstehen fünf Empfindungen, die dieses einmalige Gefühl des Verliebtseins erschaffen, sozusagen eine *Handvoll Himmel:*

- Der andere meint tatsächlich mich.
- Der andere kann mich größer sehen, als ich mich.
- Der andere hat konkrete Ideen für mein Leben und hilft mir bei der Umsetzung.
- Der andere versteht mich.
- Der andere will bei mir sein.

Was wir hier im und beim und vom Verliebtsein lernen, sind die elementaren Eigenschaften der Liebe:

1. Es ist gar nicht der andere, der die Welt verändert, er ist nur der Katalysator. Die Welt verändert sich, weil wir sie selbst anderes sehen, nehmen, formen können. Oder noch deutlicher: Die Welt ist das, was wir in ihr sehen können – sie wird von uns geschaffen und nicht von anderen für uns. Alles, was wir als Glück und Zufriedenheit und Heiterkeit bezeichnen, ist das Ergebnis unserer Brille, unserer Sicht, es ist kein objektiver Tatbestand. Die Welt ist unsere Schöpfung, wir sind nicht die Handwerker, stattdessen aber die Herzwerker unserer Tage und Stunden. Und das Glück, das wir als Verliebte sehen und erfahren, ist dafür das beste Beispiel – niemand hat es gekauft oder gemalt und uns gegeben. Es war schon in uns und ist geweckt worden, das ist etwas vollkommen anderes.

2. Glück ist ansteckend, zwischen Liebenden hat das Geben und das Nehmen keinen Anfang und kein Ende. In der Liebe wächst jemand ganz offensichtlich für uns und durch uns über sich hinaus, strengt sich an, gibt sich Mühe und wird so womöglich mehr als er oder sie je war. Aber wir können selbst auch offensichtlich mehr nehmen als je zuvor, wir suchen weder ständig den berühmten Haken noch bekommen wir Dinge nur im Tausch bzw. unter Bedingungen. Wir nehmen viel, weil da viel auf uns zukommt – und wir geben viel, weil so viel davon genommen wird. Es scheint da einen geheimen Mechanismus zu geben, der eine Art Perpetuum mobile des Herzens herstellt, einen Fluss an Liebe, der immer nach vorne, ins Neue, ins Gute zu fließen scheint.

3. Die innere Erweiterung macht nicht an der Grenze zur Außenwelt halt, sie strahlt auf unsere materielle und funktionale Welt ab. Am auffälligsten ist das beim Thema Geld: Natürlich gibt es den Kontoauszugsdrucker noch, aber die Finanzen sind bei Verliebten auffällig unwichtig Das gilt auch für mit Geld verbundene Fragen des Komforts: Für ein verliebtes Paar ist es beispielsweise vollkommen egal, ob es bei der geplanten Venedigreise im berühmten „Danieli“ absteigt oder in einer kleinen Pension im hintersten Dorsoduro wohnt. Und wenn Venedig überhaupt zu teuer ist, dann fahren Verliebte auch mit dem Rad um den Bodensee und finden es wunderbar oder sie bleiben zu Hause und schauen sich alle Filme der *Marx Brothers* sowie sämtliche Staffeln von *Mad Men* an.

Ja, auch Verliebte sind noch krank und müssen Züge erreichen und die Öffnungszeiten der Geschäfte verlängern sich auch für sie nicht. Nichts von den Zwängen der Welt ist für uns als Verliebte verschwunden oder ungültig, aber wir bekommen einen neuen Blick auf diese Dinge, einen Blick nicht durch die rosarote, aber die herzrote Brille. Wir sehen, was alles sein kann in Liebe. Eins und eins ist dann unendlich.

Das Verliebtsein ist ein Geschenk, das am Anfang jeder Beziehung steht. Und zwar mit dem Zweck, beiden Beteiligten klar und deutlich zu zeigen, was zusammen alles möglich ist. Es ist daher alles andere als eine Mogelpackung – es ist ein heller und weiter Blick auf das Leben, das dem Paar möglich ist. Es ist eine Panoramaaufnahme des Herzens. Und Paare, die über viele Jahre Liebende bleiben, erzählen immer wieder, dass sie große Teile ihrer Ideen aus dem Verliebtsein mitgenommen und umgesetzt haben und dass diese Dinge zu den schönsten und großartigsten Teilen ihrer aktuellen Wirklichkeit gehören. Und diese Paare erzählen auch, dass sie das Verliebtsein eben nicht nur als Ausnahmezustand erlebt haben, dem von Beginn an das Ende und die Absehbarkeit auf die Stirn geschrieben stand, sondern auch als ein Kraftfeld, das von Anfang eine Nähe zur Wirklichkeit, jedenfalls zur möglichen Wirklichkeit hatte. Dazu passt auch die an sich belanglos scheinende Tatsache, dass das Verliebtsein immer vor der Liebe kommt – so wie wir Wanderkarten vor dem Start auf den Berg anschauen.

Das Verliebtsein kommt vor der Liebe aus genau diesem Grund, dass wir nämlich einen Wegweiser für den Pfad der Liebe bekommen, ein Bild von dem, was uns möglich ist mit dem geliebten Menschen an unserer Seite.

Der Anfang vom Ende ist in Wirklichkeit nur das Ende vom Anfang: Wenn es scheint, dass wir genug Ausblick und Fenster hatten, wenn wir bereit sind, diese Visionen nicht nur in der Welt-zu-zweit, sondern in der echten Welt, in der wirklichen Wirklichkeit, zu realisieren, dann baut es den rauschhaften, den scheinbar rosaroten Anteil der Beziehung langsam ab. Was dann passiert, kennen Sie wahrscheinlich aus eigener Erfahrung.

Irgendwann im Laufe des Verliebtseins ist es soweit: Wir finden, dass es „was Ernstes“ ist. Wir beschließen dann, dass wir länger mit dem bzw. der Betroffenen zusammenleben wollen und dass wir es jetzt allen sagen. Wir beenden klammheimlich die Nebenbeziehungen, die es vielleicht noch gegeben haben mag und verbrennen die dazugehörigen Beweismittel, tauchen zum ersten Mal gemeinsam auf offiziellen Veranstaltungen auf und nehmen all unseren Mut zusammen, und sagen es den Kindern, falls es welche gibt.

Manche Paare behalten dann ihre Wohnungen noch eine Weile, aber früher oder später taucht die Frage nach dem Zusammenziehen auf. Dann sitzen sie mit roten Filzstiften am Küchentisch und durchforsten mit einer Kaffeetasse in der Hand die Immobilienangebote und eines Tages leben sie zusammen. Und wenn es richtig ernst ist, sozusagen ernsthaft ernst, dann taucht bald auch die Frage nach dem Heiraten auf und früher oder später auch die nach den eigenen Kindern und dem Hausbau. Diesen ganzen Prozess über werden wir mit sanfter Hand aus dem Status des Verliebtseins entlassen, wir erfahren dann, wie viel der andere wirklich verdient und was er besitzt, wie seine Eltern sind und seine Geschwister, wie laut er schnarcht und wie er seinen Kaffee mag und was für einen Freundeskreis er bzw. sie hat.

Das Fenster des Verliebtseins schließt sich in dieser Phase langsam und unsere Beziehung wird jetzt mehr und mehr mit „Content" gefüllt, mit Inhalten des täglichen Lebens, so wie man den Koffer für eine Reise packt, für die man auch mehr mitnimmt als die Tanzschuhe und die Seidenunterwäsche, nämlich auch den Regenmantel und einen warmen Pullover. Und der Grund dafür ist, dass das Verliebtsein nicht immer Verliebtsein bleiben soll: Ab einem gewissen Punkt muss aus einer Vision Wirklichkeit werden, wenn sie sich nicht in eine Illusion verwandeln soll – Samen wollen Pflanzen werden, wenn sie das nicht tun, bleiben sie nicht ewig Samen; sie werden Biomüll.

Was den Liebenden jetzt also abverlangt wird, ist die Fähigkeit ihre Vision von sich Wirklichkeit werden zu lassen, ihren Ausnahmezustand in Normalität zu verwandeln, Dauer und Belastbarkeit zu entwickeln – der siebte Himmel war dazu da, dass ein Mann und eine Frau sich den Himmel auf Erden schaffen können.

Die wirkliche Wirklichkeit

Wenn verliebte Paare vom siebten Himmel auf dem Planeten Erde ankommen, dann landen sie nicht mit leeren Händen und schon gar nicht mit leeren Herzen. Sie landen mit einem großen Gefühl von Kraft, echter Glückserwartung und der festen Entschlossenheit, das Beste aus sich und dieser Beziehung zu machen. Vor allem aber landen sie mit einem Bild von sich, das sie im „Panoramabild des Herzens“ gesehen haben – sie haben Dinge gesehen, die sie als Paar ausmachen werden, im Kleinen und im Großen:

- Wir machen große Reisen.
- Du zeigst mir Kunst und Kultur.
- Wir ziehen zusammen.
- Du liebst mein Übergewicht.
- Wir heiraten.
- Du gibst mir Sicherheit.
- Wir haben Kinder.
- Du gibst mir die Kraft für eine Karriere.
- Wir werden uns von unseren Eltern lösen etc.

Paare beginnen ihre Beziehung erwartungsfroh, guten Mutes, wie es so schön heißt, und machen sich dann an die Arbeit – sie beginnen umzusetzen, was notwendig ist, damit ihre Liebe funktioniert. Die Liebe bekommt also einen Umzugskarton und eine Adresse, vielleicht auch zwei, jedenfalls hat sie plötzlich eine Postleitzahl und ein Stockwerk; außerdem bekommt sie die Frage Doppelbett oder Einzelbett vorgesetzt, irgendwann muss auch eine Regelung her, wie das mit dem Geld und den Konten laufen soll, es kommen die Familien mit ihren Ansprüchen und Gewohnheiten dazu, außerdem Kollegen, Freundeskreise und die besten Kumpels, Yogakurse und Pokerrunden, die Liebe beschäftigt sich plötzlich mit Karriereschritten und Urlauben und hat dann eines Tages sogar mit Kindern und Elternabenden und noch etwas später womöglich mit Kreditraten und Jahrestagen und Hochzeitsvorbereitungen zu tun. Mit einem Wort: Die Liebe landet in der Wirklichkeit.

Es gibt so etwas wie eine kollektive Wahrnehmung, dass diese Landung auf dem vermeintlich harten Boden der Realität ein Aufprall sei. Gar nicht selten sogar eine Bruchlandung; jedenfalls ernüchternd und irgendwie eine Minderung der Liebe. Und das ist falsch – wir wollen dieses Missverständnis deshalb schnell aus der Welt schaffen. Die „wirkliche Wirklichkeit“ hat eine ganz andere Aufgabe, als uns die Liebe zu verderben, und zwar eine Aufgabe, die für das Gelingen der Beziehung wichtig ist.

Alles, was wir Menschen hier auf dieser Erde sind, sind wir „in Wirklichkeit“ – oder wir sind es gar nicht. Das Leben und das Lieben, so wie wir alle es kennen und wie wir alle es können, besteht für uns aus realen Erlebnissen und aus tatsächlichen Ereignissen. Sie werden geküsst oder nicht, Sie sind satt oder nicht, Sie freuen sich auf den anderen, wenn Sie aus dem Büro oder von einer Reise nach Hause kommen – oder nicht. Die ganze Schönheit und Pracht dieser Welt, all die großen und kleinen Dinge, von Mozarts Klavierkonzert über Holzscheite im Kamin bis zu einem frischen Butterbrot und dem kitzeligen Gefühl, das entsteht, wenn das Wasser der Wellen, das sich gerade noch schäumend über den Fuß geworfen hat, sich nun mitsamt dem Sand unter der rechten Fußsohle zurückzieht und dabei eine kleine Kule macht, als ob dieser ganze Ozean sich einen Moment Zeit nimmt, um Boden-unter-den-Füßen-Wegziehen mit Ihnen zu spielen – all diese großen und kleinen Dinge des Lebens finden wirklich statt oder sie finden gar nicht statt.

Lassen Sie sich deshalb nichts anderes einreden – die Wirklichkeit ist nach dem Verliebtsein schon das zweite Geschenk, das Liebende bekommen. Denn nur hier kann die Liebe tatsächlich so groß und so großartig werden, wie sie sein kann und wie Sie und Ihr Mann bzw. Ihre Frau sie erleben wollen. Wirklicher Sex, wirkliche Versöhnung, wirkliche Überraschungen, wirkliche Urlaube, wirkliche Kinder und wirkliches Freudestrahlen sind immer besser als die Illusion davon. Die Wirklichkeit ist die Währung, in der unser Leben abgerechnet wird. Auch unsere Liebe.

Die Funktionsebene

Der erste Aufgabenkreis, in den Liebende also nach dem Verliebtsein eintreten, ist die „Funktionsebene“ – hier sind sie mit all dem beschäftigt, was nötig ist, um die Liebe in der Welt zu verankern und die Partnerschaft zum Funktionieren zu bringen. Auf der Funktionsebene sind sie mit Handlungen beschäftigt, mit viel Organisation und einer Menge Tun. Die wichtigsten Themen sind der Alltag – all die Dinge, die für die Bewältigung des Lebens notwendig sind. Es geht also um Dinge wie

- das Haus
- das Auto
- die Kinder
- den Kontostand
- das eigene Gewicht
- die Einkäufe
- den nächsten Urlaub
- die Kleidung
- das Büro
- die Mitbringsel
- die Rente etc.

Auf der Funktionsebene sind die Abläufe und Ereignisse für das Paar sehr erwartbar und vorhersehbar. Auch die Anforderungen und Erwartungen an den anderen sind klar (er möge nämlich bitte „funktionieren"). Diese Klarheit hat etwas sehr Beruhigendes, Stärkendes für Paare, weil sie die Stabilität gibt, die wir alle brauchen. Es entspricht unseren menschlichen Grundbedürfnissen in möglichst stabilen Verhältnissen zu leben und uns nicht bedroht zu fühlen. Die Anforderung der Liebe an das Paar lautet auf der Funktionsebene daher sehr klar:

„Verschaffe mir ein Dach über dem Kopf", sagt die Liebe. *„Gib mir Sicherheit, Erwartbarkeit, Verwirklichungsmöglichkeit. Gib mir Spielraum."*

Die Themen und Ereignisse auf der Funktionsebene sind sachlich bestimmt. Das wirkt sich auf die Kommunikation aus, denn sachliche Dinge erklären sich quasi von selbst: Es ist wenig Auseinandersetzung nötig, um den Kontostand zu besprechen, die Zahlen sprechen da meist eine sehr klare Sprache. Das gilt für den Fortschritt auf der Baustelle, die Buchung einer Mallorcareise oder die fiebrige Grippe von Felix, sieben Jahre, der gestern Vormittag schon wieder 39,8 hatte. Alles, was hier zu tun ist, ist gut zu beschreiben, klar zu regeln und mit denselben Begriffen verhandelbar. Alle Elemente der Funktionsebene sind außerdem gut sichtbar, die Markierung auf dem Fieberthermometer lässt sich ebenso wie die Zahl am Ende des Gehaltszettels oder die Unordnung in der Küche mit bloßem Auge erkennen – daran ist wenig vielschichtig oder ambivalent. Und was zu tun und zu machen ist, ist fast immer vollkommen klar.

Liebende, die den Funktionsmodus als Teil der Liebe verstehen, haben alle Chancen, sich eines Tages an der Hand zu nehmen, sich tief in die Augen zu schauen und gleichzeitig dasselbe zu sagen, nämlich: „Toll, was wir geschafft haben." Das ist das gute Ende der Funktionsebene. Aber es gibt auch ein anderes.

Eine „Sollbruchstelle" ist laut Duden eine „... Stelle in einem Bauteil o. Ä., die so ausgelegt ist, dass in einem Schadensfall nur hier ein Bruch erfolgt.". Es handelt sich also um ein geplantes Aus, bei dem die Funktion eines Teils reduziert wird, damit das Große und Ganze keinen Schaden nimmt. Die Liebe hat auch eine solche Sollbruchstelle – und das ist der eingebaute Bruch der Funktionsebene, wenn das Herz zum Schadensfall zu werden droht. Irgendwann zwischen 35 und 45, wenn wir eben viel erreicht und viel geschaffen haben, wenn wir ein Haus gebaut, zwei Kinder zur Welt gebracht, die Firma gegründet und die Welt bereist haben, wenn wir darüber die ersten grauen Haare bekommen und die ersten Falten verdient haben, wenn wir aber auch anspruchsvoller, lebensklüger und ernsthafter geworden sind, dann fällt uns irgendwann beim Blick aus dem Zugfenster oder wenn wir am Nebentisch ein Paar in unserem Alter sehen, das so viel glücklicher als wir ist, das kein Handy zwischen sich hat und sich noch berührt und küsst oder wenn zwei Teenagern an uns vorbeigehen, die sich so heftig umarmen, wie wir das früher selbst getan haben, dann fällt plötzlich der Satz, der täglich mehr Beziehungen verändert als alle Ratgeber und Therapeuten zusammen:

„Das kann doch nicht alles gewesen sein."

Es ist nicht unsere Bestimmung, in einer herzlosen Beziehung auszuhalten. Als empfindsame Wesen können wir buchstäblich frieren und über einen längeren Zeitraum sogar zerbrechen, wenn wir auf das reine Funktionieren reduziert werden. Es ist viel zu tun, aber die Liebe weiß, dass auch viel zu fühlen und viel zu sein ist.

Die Funktionsebene findet daher ein natürliches Ende: Wenn wir erledigt haben, was es zu erledigen gab, wenn die Beziehung ein Fundament besitzt, wenn das Haus gebaut, die Karriere gemacht und die Kinder groß sind, dann stellt sich bei praktisch allen Paaren eine Sehnsucht nach mehr ein. Wir haben unsere Talente und unsere Möglichkeiten als Geschenk bekommen, aber wir sind ihnen auch verpflichtet. Unser Können ist zugleich auch unser Müssen. Mindestens einer der beiden Partner will deshalb ab einem gewissen Punkt mehr und das bedeutet vor allem – mehr als Funktionieren. Er will etwas Anderes, etwas Neues. Er oder sie will die Liebe.

Die Kommunikation des Paares ist neben einem Seitensprung oder einer Affäre der beste Indikator dafür, ob es sich der Sollbruchstelle nähert. Da die Gespräche auf der Funktionsebene immer klar und eindeutig sind, weil sie vom Inhalt definiert werden, droht Gefahr, wenn es keinen Inhalt mehr gibt – es wird dann banal. Man kann das manchmal in Restaurants, im Zug oder im Café, auf der Berghütte oder einer Parkbank erleben: Da sitzt dann ein Paar neben oder hinter einem und man ist durch die Nähe gezwungen ihrem Gespräch zuzuhören. Und was man dann hört, ist eine Art weißes Rauschen der Liebe – völlige Leere, Nullmeldungen. „*Du ich muss dann noch ... Kannst du auf dem Rückweg ... Lass uns nicht vergessen ... Das ist reine Baumwolle ... So witzig, die Anna ... In der Zeitung ... Neulich war im Fernsehen ... Ach hör mir auf ... Issnichtwahr ...*“ Manchmal geht eine ganze Stunde so ins Land und ins Nichts, keine persönliche, spannende, herzliche Bemerkung, kein Gefühl und kein Humor, aber auch kein Schweigen. Alles vollkommen vorhersehbar, im Sinne der Kalorientabelle würde man sagen: Nährwert Null. Die Funktionsebene allein macht so nicht mehr satt und so wird der Hunger nach mehr mit jedem Tag größer.

- Es kommen Leere und Langeweile auf. Alles wirkt auf ungesunde Art gleich und gleichmäßig. Im Normalfall fahren wir dann die Ablenkungen und Beschäftigungen hoch, wir besuchen Events und machen Kreuzfahrten, hecheln dem Neuen und Topaktuellen hinterher.
- Es entwickeln sich Härte und Aggression, weil wir ein Ventil für unser Unwohlsein suchen. Wir müssten sagen: Mein Leben ist leer. Aber wir sagen: Mein Partner bzw. meine Partnerin ist falsch. Wir müssten sagen: Ich muss etwas verändern. Aber wir sagen: Der Mensch neben mir muss sich ändern. Oder der Beruf. Oder der Chef. Oder die Kinder. Oder die Politik.
- Es herrschen Teilnahmslosigkeit und Desinteresse. Es ist still, fast friedlich in dieser Partnerschaft, alles scheint zu laufen, aber es ist ein Lauf durch eine leere Halle. Das Paar geht freundlich und korrekt miteinander um – aber es herrscht eigentlich Wert- und Bedeutungslosigkeit. Hier haben sich zwei verloren.

Die Funktionsebene ist ein Fundament, das auf den Weiterbau wartet – und wenn der nicht kommt und sich die Beziehung auf der Funktionsebene etabliert, dann gerät jede Partnerschaft in eine Sackgasse. Das muss man ihr nicht immer ansehen, etwa in der sogenannten „Zufriedenheitsfalle“, in der viele Paare stecken. Denn die Zufriedenheit hat sich ein bisschen als Rettungsboot für Männer und Frauen etabliert, die sich vom Anspruch auf Entwicklung und Hinterfragung unter Druck gesetzt fühlen. Sie ahnen meistens, dass die Auseinandersetzung mit sich selbst spannende, aber eben auch schmerzhafte Fragen aufwerfen würde; sie ziehen es dann vor, nicht mehr nach oben zu zielen, sondern nach unten – sie erklären sich zufrieden mit dem, was sie gerade sind und was sie gerade haben. Zufriedenheit scheint da eine kluge und sich bescheidende Lebenshaltung zu sein und der Wunsch bzw. die Suche nach mehr, nach Entwicklung oder sogar nach echtem Glück wird dann gerne als Zwang zur Selbstoptimierung denunziert: Wer sagt denn das überhaupt? Ist das so wenig? Es geht uns doch gut; was da ist, ist gut genug; und überhaupt.

Die Zufriedenheit ist deshalb eine Falle, weil die Liebe nicht mit der Zufriedenheit verbunden ist, sondern mit dem Glück. Die Liebe denkt, handelt und blickt groß, nicht klein. Ansprüche zu senken hat noch nie geholfen, einen Schritt nach vorne, geschweige denn nach oben zu machen. Zufriedenheit ist in Beziehungen vor allem eine Methode, den letzten Einsatz zu verweigern und sich dabei nicht schlecht zu fühlen. Viele Paare wollen genau das und deshalb sind sie zufrieden mit dieser Zufriedenheit. Sie haben sich im Grunde eine ökonomisch abgesicherte Komfortzone geschaffen, in der Gleichlauf und Vorhersehbarkeit oberste Priorität haben und alles Ungeplante, Negative und Unangenehme als eine Art emotionaler Hausfriedensbruch betrachtet wird. Das ist Angst, es ist nicht das Leben – es gibt eine innere Instanz bei allen Liebenden, die den Unterschied zwischen Glück und Zufriedenheit kennt und sich beharrlich weigert, beide auf dieselbe Stufe zu stellen.

Die Herzebene

Die Funktionsebene ist ein Teil der Liebe und kein unwichtiger, das sei hier noch einmal ausdrücklich betont. Aber tatsächlich gibt es neben dem reinen Funktionieren, dem Abwickeln und Organisieren der Liebe und ihres Alltags eine zweite Dimension, welche die Liebe ausmacht. Weil es dort um die Dinge geht, die uns buchstäblich am Herzen liegen, haben wir sie auch dementsprechend genannt – die „Herzebene".

Herzbube und Herzdame.
Das ist mir eine Herzensangelegenheit.
Dein ist mein ganzes Herz.

Die Sprache hat immer schon erzählt, wo die Liebe sitzt und selbst die schmerzhafte Seite bestätigt diese Ortsangabe noch: „*Du brichst mir das Herz. Ich habe mein Herz verloren. Mir blutet das Herz.*" Auf der Herzebene geht es um all das, was wir etwas ungenau, aber richtig genug die „Gefühlswelt" nennen, um unser Fühlen und Spüren, Ahnen und Wollen, um unsere himmelhohen und abgrundtiefen Welten, um Jubel und

Glück, Trauer und Tränen. Hier ruht die verborgene Eisbergmasse, die Welt unter der Wasserlinie – und hier wird letztendlich jede Beziehung gewogen und als schwergewichtig oder als zu leicht befunden.

Auf der Herzebene geht es um unsere Herzensangelegenheiten und es lohnt sich überhaupt einmal festzustellen, was das denn ist. Das ist nicht ganz einfach. Eine gute Übung besteht für Paare darin, einmal auszusprechen, was es denn alles NICHT ist. Herzensangelegenheiten sind keine funktionale Leistungen und schon gar keine Dinge oder materielle Güter. Niemand sagt: *„Mein Porsche hat mich heute glücklich gemacht. Und wie mich meine Prada-Tasche ansieht!“* Werte können uns tatsächlich etwas geben, Komfort beispielsweise, sie versammeln vielleicht auch Schönheit um uns und können die Anerkennung und manchmal sogar den Neid anderer bringen; sie können für Genuss sorgen und für ein Gefühl von Sicherheit, für einen Skitag in den Bergen und einen Nachmittag auf dem Segelboot, für eine Wochenendfahrt nach Florenz und ein altes Alfa Romeo-Cabriolet in der Garage. All das ist nicht wenig, dafür lohnt es sich auf jeden Fall sich anzustrengen – aber Liebesglück ist es nicht. Denn das ist immer ein innerer Zustand, ein Berühren unserer inneren Welten. Und diese sind unendlich viel größer, komplexer und reicher als alles, was sich unter der Sonne dreht. Das ist ein zentraler Gedanke, weil er das entscheidende Motiv beschreibt, warum das Paar auf die Herzebene achten muss: Es wird ohne Herzlichkeit keine Liebe geben. Wenn wir erreichen wollen, wozu wir ein Paar geworden sind, dann müssen wir uns um unser inneres Wachstum ebenso kümmern wie um unser äußeres. Für das Verständnis der Herzebene ist es wichtig zu verstehen, dass dieses Wachstum aus zwei Quellen gespeist wird. Wir können auf der einen Seite etwas erreichen, aber auf der anderen Seite auch etwas loswerden. Denn die Dinge, die „uns am Herzen liegen“, gibt es in zwei Farben:

1. Die hellen Herzangelegenheiten

Hier sind vor allem unsere Sehnsüchte und Träume, unsere Visionen und Möglichkeiten gemeint. Ob wir den Traum von der Malerei oder der Musik verfolgen, ob wir Chef in unserem Handwerksbetrieb werden, die Professur anstreben oder einmal ein Unternehmen gründen oder etwas erfinden, ob wir Kinder bekommen oder gleich eine ganze Schar davon, ob wir einen Sport oder ein Instrument perfektionieren, in ein anderes Land gehen, in eine andere Stadt, etwas für den Weltfrieden oder gegen den Welthunger tun – das sind die Dinge, die uns antreiben und zu deren Verwirklichung wir in der Lage sind, oft ohne es zu wissen und sehr oft zurückgehalten von völliger Ahnungslosigkeit, wie um alles in der Welt wir das denn schaffen sollen – bis der Mensch an unserer Seite es uns sagt bzw. zeigt.

2. Die dunklen Herzangelegenheiten
In diesem Bereich geht es um unsere Ängste und Schmerzpunkte, unsere Narben und Verstümmelungen, unsere Niederlagen und Blindheiten, unsere großen und kleinen Fluchten aus und vor dem Leben. Und dazu gehört sicher auch der Wunsch, sich endlich einmal zu befreien von den Korsetten und Rucksäcken, die wir aus unserer Vergangenheit mit uns herumtragen. Und damit sind wir beim Kern der Herzebene – auf der Herzebene werden nicht nur schöne und leichte Dinge verhandelt, sondern auch dunkle und schwierige. Wir sind uns dieser dunklen Herzangelegenheiten meist nicht bewusst und möchten im Normalfall auch nichts von ihnen wissen – bis der Mensch an unserer Seite sie aufzeigt und wir so die Gelegenheit bekommen, Licht in unser Dunkel zu bringen.

Daraus ergibt sich ein zentrales Thema der Herzebene – das Sprechen und das Kommunizieren miteinander. Weil es hier um unsere inneren Angelegenheiten geht, ist - im Gegensatz zur Funktionsebene - zwischen dem Paar nicht alles klar. Und auch nicht selbsterklärend. Über Herzensangelegenheiten muss das Paar reden, es muss sich austauschen über Begriffe, Gefühle und Stimmungen. Die Frage „Was meinst du damit?", ist bei Fieberthermometer und Kontostand eine unnötige, weil es über „39,8 Grad" oder „157,84 Euro" nur wenig Diskussion geben kann. Auf der Herzebene allerdings ist das Nachfragen und Verstehen wollen, das Suchen von Erklärungen und die Bitte um Unterstützung die Grundlage von allem. Der Austausch, das Erzählen und Mitteilen von sich und den eigenen inneren Welten sind ein Schlüssel für jede Beziehung, es kann anders keine Herzebene geben.

Gute Verbindung: das Zusammenspiel von Funktionsebene und Herzebene

Die zentrale Frage, die sich für ein Paar zum Thema Funktionieren und Herzlichkeit stellt, lässt sich daher wie folgt formulieren: Wie lassen sich Funktionsebene und Herzebene verbinden? Wie können wir im normalen und anstrengenden und manchmal ja geradezu *„alltäglichen Alltag“* der Beziehung das Funktionale und das Herzliche vereinen? Die Antwort lautet – gar nicht. Sie sind nämlich schon verbunden. In absolut jedem Moment der Beziehung.

Diese Antwort ist so zentral für das Beziehungsleben, dass wir sie wiederholen möchten: Funktionsebene und Herzebene sind in jedem Moment Ihrer Beziehung miteinander verbunden und miteinander lebbar. Sie müssen die beiden nicht verbinden, und es gibt auch keinen Gegensatz aufzulösen. Die Kunst, sozusagen die „Beziehungskunst“ ist es, dass Sie und Ihr Mann bzw. Ihre Frau in allem Funktionalen zugleich das Herzliche sehen und mitleben können. Alles, was das Paarleben ausmacht, trägt beide Ebenen in sich, es ist die Doppelhelix der Liebe. Nehmen wir dazu ein klassisches Beispiel – den Bau eines Hauses bzw. die Renovierung Ihrer Wohnung. Wenn Sie glauben, Sie bauen einfach nur ein Haus und müssten lediglich die Termine mit dem Baumeister koordinieren und ein erfolgreicher Hausbau wäre dementsprechend die Einhaltung des Kostenrahmens und des Fertigstellungtermins, dann sehen Sie die Funktionsebene – aber nicht die Herzebene, die in und auf und hinter diesem Projekt steckt.

L. und G. hatten sich entschlossen, ein eigenes Haus zu bauen. Leider sehr spät, wie L. fand, die zwar erst 32 Jahre alt war, aber auch im vierten Monat schwanger, und sehr darunter litt, dass das Kind, wie sie sagte „ ... nicht von Anfang an richtig aufwachsen kann.“ Denn für sie gehörte ein Haus im Grünen zwingend zu einer glücklichen Kindheit und sie überwachte noch hochschwanger jeden Handwerkerhandgriff und jeden Euro, den G. ausgeben wollte. Als G. ihr beispielsweise zum Hochzeitstag ein Wochenende in Venedig vorschlug, war sie entsetzt und machte ihm eine Szene. In ihren Augen war das herausgeworfenes Geld, das selbstverständlich auf der Baustelle besser aufgehoben wäre, und sie ertappte sich zum ersten Mal bei der Ahnung, dass sie beide wohl scheitern würden, wie alle anderen Paare eben auch, aber sie und ihre Tochter (sie war sich sicher, dass es eine Tochter werden würde) hätten dann wenigstens das Haus.

G. wiederum, ebenfalls 32, hielt den Hausbau für völlig übereilt: Er hatte relativ spät sein Studium als Geologe beendet, begann erst langsam Geld zu verdienen und schon die Hochzeit und die Schwangerschaft gingen ihm eigentlich zu schnell. Der Hausbau machte ihm allerdings richtig Angst und er schlief immer schlechter, auch weil er mit L. nicht darüber reden konnte – sie ließ keinen seiner Einwände gelten. Und er hatte mit Behörden und Banken so viel zu tun, dass er sich bald nur noch auf das perfekte Abwickeln all der Termine und Projekte konzentrierte, denn da war er gut und verlässlich und L. sagte ihm mehrfach, wie sehr sie ihn für diese Zuverlässigkeit liebe. Und als sie ihm eine Szene wegen seiner liebevoll gemeinten Idee einer kleinen Flucht nach Venedig machte, da hatte er zum ersten Mal das Gefühl, dass sie es nicht schaffen würden, wie viele andere Paare eben auch. Er begann, seine Einkünfte so gut es eben ging zu verschleiern und sich heimlich Geld auf die Seite zu legen.

L. und G. sind eine wahre Geschichte, und ihr Beispiel zeigt exemplarisch, wie die beiden funktional betrachtet ein Haus bauen, aber im Hausbau eben auch ihren innersten, ureigensten Herzthemen begegnen. Es geht also außen um Hypotheken und Handwerker, aber innen um ganz andere Themen – schmerzhafte Kindheitserlebnisse, Kompensationsvorstellungen, Existenzangst, Konfliktscheu etc.

- L.s Traum vom Haus ist einer alptraumhaften Kindheit geschuldet, in der nichts und niemand etwas für sie getan hatte; L. hatte daraus früh das innere Credo für sich entwickelt, dass sie einmal eine Tochter haben und diese es ganz sicher einmal besser haben werde.

- L. hatte auch erlebt, wie der Vater regelmäßig sein im Grunde gutes Gehalt als Elektromeister vergeudete, für sich und teure Autos, wohl auch für andere Frauen. Die Mutter trug die ganze Last der Existenzsicherung und brachte die Familie unter großen Entbehrungen mit Putzen und Bügeln durch, und oft hörte L. die Mutter im Streit mit dem Vater den Satz schreien, dass sie sich ein Haus hätten bauen sollen wie andere auch, damals, als es noch möglich war, jetzt würden sie es nie mehr schaffen.
- G. wiederum war ohne Vater aufgewachsen, dieser war kurz nach seiner Geburt einfach verschwunden und die Mutter zog G. und seinen Zwillingsbruder unter großen Entbehrungen alleine groß; verbittert, herrisch und keinen Widerspruch duldend.
- G. hatte eine enorme Sehnsucht nach Familie, aus ihr kam seine Entschlossenheit, unter allen Umständen ein guter und verlässlicher Vater zu sein und ein Mann, auf den Verlass ist. Einer, der seiner Frau das Leben leicht macht und schön, auf gar keinen Fall aber schwer, auch wenn das große Opfer und Einschränkungen erfordert.

Das Beispiel von L. und G. zeigt, dass Funktionsebene und Herzebene zusammengehören: Was immer Sie als Paar tun, es verweist auf Ihre Herzthemen. Sie sind mal subtil und schwer zu durchschauen, mal sehr direkt und offensichtlich. Aber was Sie niemals tun sollten, ist diese Verbindung zu ignorieren.

G. und L. haben das versucht – anstatt sich all ihre Unbehaglichkeiten, Hintergedanken und Ängste zu erzählen, ihnen nachzugehen und sie gemeinsam aufzulösen, hat keiner von beiden die Herzebene auch nur angerührt. L. sprach nie über die Geschichte ihrer Mutter, sie konnte die Schönheit von G.s Idee der Venedigreise nicht sehen und stellte ihre eigene Sicht der Dinge niemals in Frage. Die kluge Vorsicht ihres Mannes entging ihr einfach. G. wiederum ignorierte seine Ängste und unterwarf sich L.s Tempo ohne Widerstand. De facto ließ er sich den Mund verbieten und erlaubte sich am Ende lieber finanzielle Unregelmäßigkeiten als eine Auseinandersetzung, die wohl auf das Thema Versagensangst, auf

Verantwortung und seine Rolle als Mann hinausgelaufen wäre. Und beide hatten auf all ihre emotionalen Wahrnehmungen nur eine Reaktion – sie erklärten sie für unwahr, unwichtig, unnötig, unbrauchbar, unzeitgemäß und unbedeutend. Unwahrscheinlich, dass das gut gehen kann.

L. brachte eine hübsche, gesunde Tochter zur Welt, eine Woche nach ihrer Geburt wurde G. gekündigt, weil eine Routineuntersuchung ans Licht brachte, dass er überhöhte Spesen abgerechnet hatte. An einen weiteren Hausbau war nicht mehr zu denken, er hatte das Paar finanziell ruiniert. G. verließ L., ohne sich scheiden zu lassen. Er gab ihr alle Schuld für die Katastrophe und baute sich, halb flüchtend, halb gehend, zäh und fleißig eine neue Existenz als Spezialist für Ölbohrungen in Norwegen auf. L. reichte ebenfalls keine Scheidung ein, sie zog in ihrer Not als alleinerziehende Mutter zu ihrer Schwester, mit der sie nie ein enges Verhältnis hatte, die sie aber mit offenen Armen und offenem Herz aufnahm. Sie half ihr beim Finden einer neuen Anstellung, bei der Kinderbetreuung und vor allem bei der Entwicklung einer neuen Perspektive, denn Anna, so hieß die Schwester, interessierte sich für die herzlichen Dinge des Lebens, sie konnte ohne Unterlass über Gefühle, Zusammenhänge, Menschen und ihre Geschichten reden; sie öffnete L. die Augen und ein bisschen auch das Herz.

Zu diesem Zeitpunkt war die Geschichte von L. und G. die Geschichte eines völligen Scheiterns. Aber wie so oft sind Geschichten, Beziehungsgeschichten zumal, nicht zu Ende, wenn sie am Ende sind: An ihrem 75. Geburtstag starb G.s Mutter. Er lud L. nur halbherzig zum Begräbnis ein, traute sich aber auch nicht, sie einfach zu ignorieren, denn sie hatte sich mit seiner Mutter gut verstanden. Außerdem – gewisse Dinge gehören sich einfach, da war G. sehr korrekt. Also schickte er eine SMS ohne Anrede an L. Sie war darüber wütend und gekränkt, aber Anna überredete ihre Schwester, die Einladung trotzdem anzunehmen. Sie fuhr quasi als Begleitschutz mit – und ausgerechnet auf dem Begräbnis änderte sich alles. Bei G. brach alle Härte zusammen, als er seine Tochter sah, und er war fassungslos, wie präzise er die Geschichte seines Vaters wiederholt hatte. L. war von seiner Wandlung tief berührt, sie hörte ihm die ganze Nacht und das folgende Frühstück lang zu, wie schlecht es ihm seit ihrer

Trennung ergangen war und am Ende weinten sie beide lange, sehr lange. Dann bat L. G. um Verzeihung – und um einen Neuanfang. Das hatte ihr Anna, die romantische Herzschwester, schon auf der Autofahrt empfohlen. Und nein: L. und G. haben bis heute kein Haus; sie wohnen bis heute in der sehr kleinen, aber sehr gemütlichen Wohnung. Das Beispiel von L. und G. erzählt vieles, aber vor allem gibt es das Muster vor, nach dem eine Beziehung wachsen kann und die Liebe gestärkt wird: Je mehr wir die Funktionsebene auf die Funktionsebene beschränken, umso weniger Paar sind wir, und je mehr Herzthema wir in jedem Funktionsthema besprechen, umso mehr Paar sind wir.

Es ist noch kein Pullover mit nur einer Nadel gestrickt worden. Und der Stoff, aus dem gute Beziehungen gewoben sind, verbindet den Faden Funktion fest mit dem Faden Herz. Wenn wir den Herzfaden nicht mitweben, wird die Funktion nur ein ständiger Weg ohne Ziel, und es kann nicht das Muster entstehen, das ein Paar entwirft, wenn es sich verliebt. Es ist der Unterschied zwischen einem endlosen Faden und einem prachtvollen Teppich. Man steht nur auf Letzterem gut und von einem fliegenden Faden hat auch noch kein Märchen erzählt.

Betrachtet man die Funktionen, die ein Paar zu bewältigen hat, dann sieht man, dass kein Paar dieselben Funktionen abwickelt. Die Kette an Aufgaben, Projekten und Themen ist nicht nur bei jedem Paar unterschiedlich, sie ist auch so gestaltet, dass sie unweigerlich zu den Herzthemen des Paares führt, dass also über das Tun immer ein Sein und über das „Mehrtun“ und das „Anderstun“ immer ein „Mehrsein“ und ein „Anderssein“ möglich ist. Hausbau beispielsweise ist nicht Hausbau:

- Sie können Ihr Haus mit dem eigenen Geld bauen oder auf einem Berg von Schulden.
- Sie können auf dem Grundstück neben den Eltern bauen oder am anderen Ende von Stadt, Land und Fluss.
- Sie können das Haus als protzigen Palast errichten, bei dem es vor allem darum geht, was die anderen denken, oder aber als ein sehr persönliches Nest, bei dem es Ihnen darauf ankommt, wie wohl

Sie und Ihr Mann bzw. Ihre Frau sowie gegebenenfalls die Kinder sich darin fühlen.

Dasselbe gilt auch für die Themen Kinder, die eigenen Eltern, die Regelung der Finanzen, das jeweilige Berufsleben, Wohlstand und Unwohlstand, die Reiselust und sogar die Nachbarn oder die Kollegen, die man bekommt – alle äußerlichen Ereignisse sind gekoppelt an einen inneren Entwicklungspfad und dieser hat immer das gleiche Ziel: mehr Leben. Er führt Sie zu einem Engpass, den Sie als Paar weiten müssen, zu einer Lücke, die Sie füllen sollen, auf eine Schwäche zu, die Sie hinter sich lassen können und zu den Veränderungen, die das Leben Ihnen als Entwicklungspfad zugedacht hat.

- Warum bekommen die einen Kinder und die anderen nicht?
- Warum geht bei einem Paar jemand in Konkurs und beim anderen nicht?

Ihnen und Ihrem Mann bzw. Ihrer Frau passieren in der Liebe genau die Dinge, mit denen Sie sich weiterentwickeln können. Das ist das Versprechen, das die Liebe jedem Paar mit auf den Weg gibt. Daran sollen Sie wachsen – nicht zerbrechen.

Dafür hat es Sie beide zusammengebracht.

Jede Beziehung beginnt vor der Beziehung

Beziehungen beginnen, lange bevor sie beginnen. Wenn sich zwei treffen, dann kommt in Wirklichkeit eine ganze Menge mehr zusammen – jeder Partner bringt zwanzig, dreißig oder noch mehr Lebensjahre mit in diese Beziehung, das sind nicht Hunderte, das sind Tausende von Tagen mitsamt den dazugehörigen Menschen, Erlebnissen, Erfolgen und Niederlagen. Sie alle kommen zusammen mit dem Partner bzw. der Partnerin in unser Leben, es ist daher eine Illusion, dass wir bei null anfangen, wenn wir mit einem Mann bzw. einer Frau eine Beziehung beginnen.

Es ist ein bisschen so, als ob man einen großen Roman in der Mitte aufschlägt und zu lesen beginnt – wenn Sie wissen wollen, wer die Personen sind, die da gerade auftreten, wenn Sie wissen wollen, wer warum etwas macht, dann müssen Sie an den Anfang des Buches gehen. „*Daisy nahm seine Hand und zog langsam erst ihn, dann den Revolver zu sich.*" Das ist immerhin von Hemingway und wir fragen uns natürlich: Wer um alles in der Welt ist Daisy? Wessen Hand nimmt sie da und warum greift sie nach einer Waffe? Wo ist die überhaupt her und was wird sie jetzt damit machen? Das ist spannend, aber klar ist es nicht. Es ist sogar sehr unklar und unter diesen Umständen können wir die Frage, wie es weitergeht bzw. weitergehen sollte, eigentlich gar nicht beantworten. In der Liebe ist es genauso: Wenn wir die Situation verstehen wollen, wenn wir auch nur einen Anhaltspunkt dafür haben wollen, wie es mit uns weitergeht, dann müssen wir zurückblättern. Wir müssen ganz vorne zu lesen beginnen; in unserer Kindheit. Dort nimmt jede Liebe ihren Anfang.

Es ist eine der bemerkenswertesten Eigenschaften von uns allen, dass wir neugierig, offen und lebenshungrig auf die Welt kommen. Wir sind all das, weil wir vom ersten Moment an einen Plan haben, dem alles untergeordnet wird – wir wollen uns entwickeln, wir wollen weiterkommen und aktiv unser Leben gestalten. Und wir verschwenden kaum einen Tag mit etwas anderem: Alle biologischen und neurologischen Studien belegen, dass wir uns ab der Geburt ohne Unterbrechung in Richtung Wachstum und Gestaltung bewegen. Stillstand? Nirgendwo. Der schreckliche Tantensatz: „*Mein Gott bist du aber gewachsen!*" ist wirklich ein schrecklicher Tantensatz, aber er ist genau genommen auch ein wunderbares, staunendes Kompliment an die Person und das Leben als Ganzes.

Mit diesem Drang zur Entfaltung ist allerdings nicht nur die äußere Entwicklung gemeint. Wir werden nicht einfach nur größer und schwerer, legen Zentimeter und Kilos zu und beginnen mit unseren ersten Gehversuchen, Kontakten, später dann mit Berufen, Unternehmungen, Sportarten, Reisen. Wir entwickeln uns vom ersten Tag an auch innerlich, wir bringen Talente, Qualitäten und Besonderheiten zur Geltung, werden stille oder laute Personen, ängstliche oder furchtlose, musisch oder physisch oder intellektuell oder emotional begabte Wesen. Wir falten in uns einen ganzen inneren Kosmos auf, ein eigenes inneres Universum aus Gedanken, Erinnerungen, Impulsen, Wünschen, Bildern, eine unendliche, funkelnde Landschaft, die von geradezu atemberaubender Größe ist – und potentiell endlos. Selbst wenn unsere Knochen und Organe nicht mehr wachsen, können wir uns innerlich weiterentwickeln. Auch hier kann man sagen: *„Mein Gott bist du aber gewachsen"*, aber damit meinen, wie viel klüger, witziger oder empathischer jemand geworden ist.

Egal wie klein wir also sein mögen, wir entfalten uns. Wir strengen uns an und nehmen die Welt in Angriff, lassen uns nicht von unserem Vorhaben abhalten – nämlich uns mit offenen Armen ins Leben zu werfen. Was wäre nun, wenn wir diesen Wachstumspfad, dieses Gleichzeitig-nach-Innen-und-nach-Außen-Wachsen für den Rest unseres Lebens beibehalten könnten? Wenn wir das sogar sollten? Wenn wir immer offen, neugierig und anspruchsvoll wären, wenn wir gerne zuhören, freimütig von uns erzählen und die Dinge am liebsten gemeinsam tun würden, wenn wir große Pläne und großartige Visionen hätten, denen wir folgen, und die wir verwirklicht sehen wollen, auch wenn es erst einmal nur ein selbst gezimmertes Baumhaus ist?

Und jetzt: Erinnert Sie das nicht an irgendetwas? Kommt Ihnen das nicht sehr bekannt vor? Ist das nicht ... genau wie ... genau: wie das Verliebtsein. Die Attribute, mit denen wir uns dem Leben in die Arme werfen, scheinen dieselben zu sein, mit denen wir uns der Liebe in die Arme werfen und wenn diese Analogie stimmt, dann bedeutet sie nicht mehr und nicht weniger als das: Die Liebe ist die Gelegenheit und die Aufforderung, auf unseren produktiven Wachstumspfad zurückzukehren, von dem wir offensichtlich irgendwann und irgendwo abgekommen sind.

Denken, fühlen, tun: der Wachstumspfad

Der Schlüssel zu unserer Entwicklungsfähigkeit ist offensichtlich, dass wir äußeres Wachstum und inneres Wachstum ineinander verschränken.

Was wir denken, fühlen und tun ist eins und diese Verbindung ist das Kraftwerk, das uns antreibt. Das bedeutet: Wir denken, wir fühlen, wir handeln aus einem Guss, in einer flüssigen, klaren Lebensbewegung.

- Wenn wir im Kinderzimmer Schritte an der Eingangstür hören, DENKEN wir, das ist bestimmt Mama, dann hören wir ihre Stimme und FÜHLEN uns wunderbar, wir stehen auf und TUN dementsprechend – wir laufen ihr entgegen.
- Wenn wir uns schlecht FÜHLEN und traurig sind, weil unsere beste Freundin Lena mit ihren Eltern wegzieht, TUN wir entsprechend und suchen Trost und wenn wir ihn bekommen, DENKEN wir, dass das aber eine gute Idee vom Papa ist, ein Abschiedsfest für Lena zu machen.
- Wenn wir etwas für unseren Freund TUN, nämlich unser Pausenbrot mit ihm teilen, das er in der Morgenhektik vergessen hat, dann FÜHLEN wir uns gut, wenn wir sein seliges Kauen sehen und DENKEN, jeden Morgen nehme ich ab jetzt etwas mehr Brot mit, nur für den Fall, dass mein Freund sein Pausenbrot wieder vergisst.

In diesem Zustand des *Denkenfühlentuns* fällt es uns leicht, uns zu entfalten, wir agieren in einer Art magischem Dreieck, in dem es uns auf unerklärliche Weise auch gut geht. Wir sind sehr authentisch, wir nutzen unsere Möglichkeiten und strahlen viel Kraft aus. Möglich ist das, weil alles zusammenspielt: das Tun, das Fühlen und das Denken. *Denkenfühlentun* eben. Wenn wir nun aus dem magischen Dreieck auch nur eine Fähigkeit herausnehmen, dann ist es damit vorbei – es gibt dann kein Dreieck mehr. Ein Auto, bei dem ein Reifen fehlt, ist ja auch nicht ein um rund ein Viertel reduziertes Fahrzeug – es ist dann ein Stehzeug. Bewegung unmöglich. Wir verlassen den Wachstumspfad immer dann, wenn wir eine der drei Ebenen Denken-Fühlen-Tun fallen lassen. Es kommt dann nicht mehr zum Zusammenspiel, nicht mehr zum magischen Dreieck.

Wir können beispielsweise das Tun vernachlässigen. Vielleicht werden wir dann schlichtweg faul oder bequem. Was aber eindeutig ist, sind die

Folgen: Ein intelligenter Schüler, der viel denkt, von allen seinen Mitschülern gemocht wird und sich gut in andere hineinfühlen kann und auch sonst sehr sympathisch ist, muss trotzdem Hausaufgaben machen. Eine Prüfung schreiben. Sein Sportzeug einpacken, wenn er zum Fußball geht. Macht er das nicht, wird er Probleme haben, ohne Schulabschluss und mit schlechten Noten ist Entfaltung schwer. Um Amerika zu entdecken, muss jemand die Segel setzen.

Ähnlich ist es mit dem Denken. Wenn wir keine Pläne machen, nicht die Folgen unseren Handelns abschätzen oder nach Wegen suchen, um gegebenenfalls einen Widerstand zu überwinden, dann bricht das magische Dreieck zusammen. Ein gedankenloses Leben ist wie ein tatenloses Leben reduziert, es können mit dem Wegfall des einen auch die anderen Teile nicht mehr gut funktionieren – oder woher weiß man, was man tun soll, wenn man vorher nicht nachdenkt? Vordenkt? Umdenkt?

Über die Probleme mit dem Tun und dem Denken können wir in der Regel gut sprechen und diskutieren und uns auch gut auseinandersetzen. Wer faul ist, muss mehr tun, vielleicht muss Nachhilfe her oder mehr Strenge. Wenn das Denken vernachlässigt wird, dann wird Konzentration eingefordert und Disziplin und die verträumten und scheinbar sinnlosen Aktivitäten bis auf Weiteres gestrichen – dann ist die Chance groß, dass bald alles wieder so ist wie früher.

Beim Fühlen ist die Situation eine andere und zwar eine grundsätzlich andere. Gefühle sind nämlich etwas Besonderes, weil sie anders als das Tun und das Denken nicht von uns gesteuert werden – sie unterliegen nicht unserem Willen und nicht unserer Kontrolle. Es gibt keinen Knopf, mit dem wir beispielsweise die Traurigkeit abstellen könnten oder die Angst, die wir haben. Und es gibt auch keinen Schalter, mit dem wir die Freude verlängern oder auf irgendeine Art und Weise intensiver gestalten könnten. Gefühle sind Ausdruck unserer Seele und sie kreuzen durch unser Leben scheinbar willkürlich, wann und wo immer sie wollen. Was immer wir an Gefühlen wie Zuneigung und Freude, Dankbarkeit, Geborgenheit, aber auch Angst, Trauer, Schuld, Neid, Verzweiflung, Eifersucht und Einsamkeit haben – unsere Gefühle folgen unserer Nähe zu unserem richtigen Leben. Je näher wir bei uns sind, umso mehr helle Gefühle werden wir haben; je weiter weg wir von dem sind, was wir sein können und sollen, umso mehr dunkle Gefühle werden uns heimsuchen. Unsere Gefühle sind daher eigentlich ideale Positionsanzeiger und wenn wir sie so verstehen und so leben können, dann sind wir uns selbst schon sehr nah.

Aber dazu müssten Gefühle da sein dürfen, sie müssten Platz bekommen von uns und von unserer Umgebung. Und das ist nicht immer leicht: Gefühle haben Kraft, manchmal mehr Kraft als wir und dann sagen wir, dass Gefühle uns überwältigen. Das können sie tatsächlich, sie sind mächtige Lebensgefährten und jeder Umgang mit ihnen beginnt damit, dass wir diese Kraft anerkennen. Erst dann können wir den Umgang mit ihnen auch lernen. Und dieses Lernen ist für unsere emotionale Kompetenz von herausragender Bedeutung.

Wir müssen erklärt bekommen, was in uns vorgeht und wir brauchen Worte, um unsere emotionalen Zustände einordnen und sortieren zu können. Dann können wir unsere Gefühle auch aushalten, dann sind wir auch in der Lage, über sie zu sprechen und empfinden es als richtig und angenehm, wenn über sie gesprochen wird.

Das Tun und das Denken benötigen diese „Einführung" ebenfalls, aber dort passiert sie leichter und ohne Berührungsängste. Während Handlungen und Gedanken noch beim Abendessen besprochen werden können, ist das bei Gefühlen schwer vorstellbar. „Ich bin so traurig, dass ihr oft streitet und halte es fast nicht aus", hat ein anderes Gewicht als „Ich gehe jetzt in mein Zimmer und lerne Mathe." Womit wir zur zweiten großen Eigenschaft von Gefühlen kommen – Gefühle können schmerzhaft sein. Und der Schmerz, den sie verursachen, groß. Und zwar immer dann, wenn Gefühle uns nicht erklärt und nahegebracht worden sind. Dann fühlen wir uns unseren Emotionen gegenüber ausgeliefert und ohnmächtig – und entwickeln eine Gefühlsvermeidungsstrategie.

Wir beginnen mit einer Dressur.

Die Dressur der Gefühle

Gemessen an ihrer Bedeutung und ihrem Einfluss sind Gefühle wahrscheinlich der Lebensbereich, mit dem wir am schlechtesten umgehen. Wir lernen gehen, wir lernen rechnen, aber emotionales Wissen, die dazugehörigen Begriffe und so etwas wie die „Grammatik der Gefühle" lernen wir nicht – oder kommen dabei kaum über die Volksschule hinaus. Als Ergebnis gehen ziemlich viele emotionale Lehrlinge durch die Welt und versuchen mit Denken und Tun zu lösen, was nur auf der Emotionsebene zu lösen wäre. Gute Elternhäuser sind wohl immer gute Schulen der Gefühle, in denen wir den Umgang mit dieser *Lebensgeschäftsführung* zu meistern lernen. Und das bedeutet drei Dinge:

- Gefühle müssen wahrgenommen werden
- Gefühle müssen besprochen werden
- Gefühle müssen ausgehalten werden

Und zwar die angenehmen Gefühle ebenso wie die unangenehmen Gefühle. Für Paare ist das Meistern ihrer Emotionen daher ohne Alternative – diese Anstrengung wird ihnen abverlangt. Es wird sonst keine Liebe geben. Punkt. Gute Paare zeichnen sich immer, ausnahmslos immer, dadurch aus, dass sie mit ihren Gefühlen einen guten und offenen Umgang haben, auch wenn es dabei hoch hergeht, Teller fliegen und Türen krachen. Eine Liebeserklärung muss also vor allem eine Erklärung der Mechanik und der Dynamik von Gefühlen geben – und darum soll es jetzt gehen.

Nehmen wir als Beispiel eine ganz normale Familie, so normal, wie Sie sich diese vorstellen wollen. Keine großen Auffälligkeiten, viel guter Wille, eine Menge Wärme und Zuwendung. Sagen wir mit zwei Kindern, nennen wir sie Peter und Anna. Nehmen wir nun an, dass plötzlich beim Mädchen eine schwere Krankheit diagnostiziert wird. Von nun an braucht es alle Aufmerksamkeit und Zuwendung der Eltern und sogar der Großeltern. Wie immer das Leben von Peter vorher war – jetzt ändert es sich. Sollte das Leben vorher noch ein großer Spielplatz oder eine

Kiste voll Lego gewesen sein, so kann es plötzlich eine Kindheit voller Dornen und Ernsthaftigkeit werden. Und niemand ist schuld daran, nur das Leben. Das nicht planbare Leben, das unbeeindruckt von unseren Wünschen nach Glück und Seligkeit einfach vorbeikommt, klopft jetzt an die Tür. Und auf einmal ist alles ganz anders.

Um beim Beispiel der kranken Schwester zu bleiben: Es ist für Peter ein wunderbares Leben bis zur Krankheit von Anna. Die Mutter ist eine fröhliche Mutter, der Vater ein großer kräftiger Mann, der seine Frau gerne küsst und mit seinem Kind gerne spielt. Doch jetzt hat die Mutter große, übergroße Angst. Jetzt ist der Vater überfordert und traurig. Zu sehen, dass die Eltern hilflos scheinen, dass die Mienen besorgt aussehen und der Tagesablauf sich ändert, löst bei Peter eine Flut von neuen Gefühlen aus. Zur früheren Freude, Lust und Unbekümmertheit kommen jetzt Angst, Ohnmacht, Wut, Sorge und Ratlosigkeit. In Peters Kinderzimmer ziehen auf einmal dunkle Gestalten ein, kleine Monster, die zwischen den Legosteinen hocken und im Bett neben ihm liegen. Der Junge weiß nicht, wie ihm da geschieht und schon gar nicht was. Niemand erklärt etwas, niemand macht seine Themen zu aller Themen; beispielsweise, warum keiner mehr Zeit für ihn hat und er einfach nicht mehr wichtig zu sein scheint. Oder warum er immer ruhig und angepasst sein soll, wenn er doch laut sein will. Peters Kopf und Peters Herz wirbelt von Fragen und die Welt, die ganze Welt, scheint aus den Fugen und bedrohlich zu wackeln – und mitten in einer unerklärten und deshalb unerklärlichen Welt fühlt sich ein Junge nicht gut. Und auf jeden Fall sehr allein.

Rein äußerlich ist alles wie bisher. Es wird gekocht, der Junge geht in die Schule und wird mit dem üblichen Vorlesen einer Geschichte ins Bett gebracht. Aber alles fühlt sich ganz anders an. Peter sieht seine Welt wanken, er kann jedoch nicht darüber sprechen, er kann nicht sagen, was da so weh tut. Und er kann nichts machen. Als Junge kann er nicht helfen, sich nicht und der ängstlichen Mutter nicht, auch dem traurigen, immer so erschöpften Vater nicht. Es hat keine Mittel, keine Möglichkeiten – und niemand redet darüber, was das bedeutet.

Zum Beispiel, dass Peter sich vollkommen ohnmächtig gegenüber den Ereignissen fühlt. Das wirft Fragen auf: Ist das Leben immer so? Können auch die allmächtigen Eltern nichts tun? Wie schützt man sich? Oder die Schwester, denn Peter liebt „Nana“, wie er sie nennt. Darf er sie nicht mehr sehen? Stirbt sie jetzt? Diese dunkle Ahnung von Tod ist für ihn buchstäblich jede zweite Nacht ein Alptraum, einmal macht er nachts in die Hose, in Panik vor Scham zieht er die Bettwäsche herunter und stopft sie in die Waschmaschine, wofür er sich von der Mutter auch noch ein Lob abholt. Seine nasse Schlafanzugshose schmuggelt er in sein Fußballtrikot eingerollt in seinen Schulrucksack, und wirft sie durch eine H&M-Tüte unverdächtig gemacht in den Altkleidercontainer neben der Schule; wieder lobt ihn jemand, diesmal ein Lehrer, der vorbeigeht, manchmal ist das Traurige auch komisch.

Für diesen zum Platzen gefüllten emotionalen Kessel sucht Peter ein Ventil und das häufigste Ventil von Ratlosigkeit und Ohnmacht ist Wut. Der Junge wird unkontrolliert jähzornig und eines Tages schreit er im Streit um nicht gemachte Hausaufgaben: „Ich wünschte, meine Schwester wäre tot.“ Die Mutter ist schockiert, sie berichtet es dem Vater, auch er ist außer sich, sie stellen Peter zur Rede. Zur Wut kommt jetzt die Demütigung und die Anklage, am Ende eines tränenreichen Tribunals schlägt die Mutter Peter mitten ins Gesicht. Das Drama ist nicht mehr aufzuhalten, Peter rast in sein Zimmer, er beschließt für sich, nie wieder etwas von sich preiszugeben, er verschließt sich vollkommen.

Neben der Explosion der Wut ist das zweite Ventil für Gefühle oft die Implosion: Peter unterdrückt mit allem, was er hat, seinen inneren Wirbel. Er fühlt sich sogar schuldig, überhaupt so ein schlechtes Gefühl zu haben, angesichts der Tatsache, dass seine Schwester ja hilflos ist und alle sich große Sorgen machen. Er wird ruhig und phlegmatisch, legt auch an Gewicht zu und vermeidet Sport und Bewegung, was ihn den bisherigen Freundeskreis kostet; also beginnt er intensiv mit Computern zu spielen, deren vollkommen kontrollierbare Welt empfindet er als angenehm und Gefühle kommen da auch nicht mehr vor.

Die „Dressur der Gefühle" ist also das Kunststück, mit emotionaler Unklarheit und Überforderung fertig zu werden. Und zwar mit Hilfe der beiden Bereiche, auf die wir Zugriff und über die wir Kontrolle haben – dem Denken und dem Tun. Als erstes versuchen wir immer das Denken in eine Richtung zu lenken, die uns um unsere Schmerzpunkte herumführt. Wir konzentrieren uns auf Gedanken und Projekte, die uns die alte Normalität zurückgeben, also gewohnte Gefühle wie Freude, Aufregung und Entspannung. Im Falle von Peter wird also nicht mehr an die Schwester, die Zurücksetzung und die Ohrfeige der Mutter gedacht, sondern an die Matheschularbeit oder den neuen Transformer-Film oder das neue iPhone. Die Gespräche mit den Eltern kreisen also nicht um die schmerzhaften Gefühlsthemen, sondern um Kino und Handy – und das ist eine große Erleichterung für alle, das sieht sogar danach aus, als ob es Peter wieder gut geht. „Toll, wie der Junge das schafft."

Dem Denken entsprechend handeln wir dann: Peter wird ein ehrgeiziger, fast schon verbissener Schüler, der nur noch wenig spricht; ein Streber im Grunde, auf dem Schulhof plötzlich oft aggressiv und daher bei seinen Mitschülern nicht mehr so beliebt wie früher. Das macht Peter sehr traurig, aber er lässt es sich nicht mehr anmerken und er erzählt auch niemandem davon, Er verdrängt seine Einsamkeit mit noch mehr Lernen und neuerdings auch Computerspielen. Auch darüber sind die Eltern eher erleichtert und beruhigt, heute spielen doch alle Kinder mit dem Computer, meine Güte, und außerdem kann digitale Kompetenz für seine Zukunft ja nicht wirklich schädlich sein.

Der Schlüssel für diese Dressur der Gefühle ist, dass die auftretenden Emotionen nicht verstanden und nicht erklärt werden. Wir würgen unsere Gefühle ab und zwar aus für uns guten Gründen – sie tun weh, sie sind lästig, sie werfen Fragen auf. Was ja auch stimmt: Natürlich tut Annas Bevorzugung dem Kind Peter wirklich weh, natürlich ist Peters Ausbruch auch für die Eltern schmerzhaft. Aber das wären ja auch die Themen, über die zu reden es sich wirklich lohnen würde, die Themen, die Familie und vielleicht sogar das Menschsein letztlich ausmachen. Aber keiner erzählt, vertraut an, gibt sein Inneres preis.

Dass Offenheit die Lösung wäre und wie gut diese alles klären könnte, zeigt sich, wenn wir bei diesem Beispiel eine herzliche Großmutter einfügen. Es kann aber auch ein weitsichtiger Onkel, eine aufmerksame Nachbarin, vielleicht auch eine mitfühlende Lehrerin sein. Peter geht in dieser schwierigen Zeit (Anna wird am Ende fast drei Jahre krank sein), immer öfter zur Großmutter, die eine einfache, aber „beherzte" Frau ist. Er schaut am Anfang einfach Fernsehen und macht Hausaufgaben, irgendwann beginnt er, sich stumm auszuweinen, manchmal auch tobend; sie lässt ihn gewähren, erklärt ihm Elternsorge und Mutterliebe und erzählt ihm von den vielen kleinen Dramen, die es im Leben gibt, auch von ihrer Kindheit im Krieg. Sie führt ihn sacht, aber doch, an seine eigenen Gefühle heran, die ja nicht nur aus Wut und Ohnmacht bestehen, sondern auch aus Anteilnahme und Sorge um die Schwester. Sie ist es auch, die zum ersten Mal darüber spricht, wie wichtig Ärzte seien und wie viel Gutes sie tun und tatsächlich wird Peter später Medizin studieren. Aber bis dahin ist es noch ein weiter Weg: Die Großmutter gibt Peters Gefühlen zunächst einmal einen Raum und für ihn verständliche Worte, sie bietet den Eltern außerdem an, den Jungen wann immer es ihnen hilft, zu sich zu nehmen und richtet ihm dafür eine kleine Schlafecke ein, sogar mit dem Schal seiner Lieblingsfußballmannschaft über dem Bett. Die schwere Zeit mit der Krankheit seiner Schwester übersteht Peter emotional nur durch die Herzlichkeit dieser Frau.

Wir zahlen für die Dressur der Gefühle einen hohen Preis – wir dressieren auch unser gesamtes Verhalten und unsere Ansichten, wir entfernen uns damit von dem natürlichen Wesen, das wir von Geburt aus sind. Der authentische Fluss der Gefühle wird unterbrochen, wir fallen aus dem magischen Dreieck heraus und geben den Fluss des *Denkenfühlentun* aus der Hand.

Und damit diese Flut an Gefühlen nicht mehr in uns hochsteigt, beginnen wir, die Schleusen zu manipulieren, die den Fluss der Gefühle regulieren.

Die zwei Herzen

So wie der Kopf das Zentrum für unseren Verstand ist, ist das Herz Zentrum für unser Gefühlsleben. Alles, was unsere Emotionen betrifft, wird vom Herz bestimmt, gesteuert und in Szene gesetzt. Wenn wir also die Dressur der Gefühle durchführen wollen bzw. müssen, weil unsere innere Not so groß ist, dann müssen wir so etwas wie eine „Operation am offenen Herzen" vornehmen, eine Veränderung dieses Steuerungssystems. Wir verändern dann die Schleusen, die entscheiden, wie offen bzw. wie geschlossen unser Herz ist, sprich: Wie herzlich/beherzt/offenherzig wir als Menschen sind. Und da gibt es eine kleine Entdeckung zu machen, die anatomisch zwar nicht ganz korrekt ist, aber einen korrekten Blick auf unser Seelenleben gewährt: Wir haben zwei Herzen.

1. Das Nehmerherz. Mit unserem Nehmerherz wollen wir von anderen gesehen, verstanden, überrascht und geliebt werden. Wir nehmen damit entgegen, was die Welt und die uns liebenden Menschen für uns haben und dieses Nehmen ist uns eine einzige Freude. Es kommt dem Nehmerherz ganz selbstverständlich vor, dass wir geliebt und befürsorgt werden. Es nimmt gerne und bestätigt uns in dem Gefühl, wunderbar zu sein, so wie wir sind. Was das Nehmerherz in jeder Beziehung sucht und alternativlos braucht, ist ein offenes Geberherz.

2. Das Geberherz. Mit unserem Geberherz wollen wir Freude bereiten und lieben, fürsorgen und uns um andere kümmern. Es braucht dafür die Gewissheit, dass unser Geben etwas von Wert ist, auf das die Welt wartet; das ist mehr als befriedigend, es ist beflügelnd, es lässt uns kreativ und großherzig werden. Mit dem Geberherz bekommen wir den Blick dafür, was andere lachen, schmunzeln, staunen lässt und was Menschen berührt. Was das Geberherz in jeder Beziehung sucht und alternativlos braucht, ist ein offenes Nehmerherz.

Danke: das Nehmerherz

In einer Partnerschaft kommt es maßgeblich darauf an, Geben und Nehmen in Einklang zu stellen, und zwar herzliches Geben und herzliches Nehmen. Beim Paar „Geben und Nehmen" ist das Nehmerherz dafür zuständig, die Liebe der anderen auch akzeptieren zu können. Wenn Ihre Mutter und Ihr Vater Liebe und Aufmerksamkeit in Ihre Richtung fließen lassen, wenn diese selbst viel geben können und das Kind, das ihnen in die Wiege gelegt wurde, umarmen, beobachten, sehen, aber auch unterweisen, verbessern und sich mit ihm beschäftigen, dann ist das Nehmerherz gefragt. Es hat bildlich gesprochen, alle Hände voll zu tun und es wird wachsen. Sie entwickeln dann die Fähigkeit, Liebe zu erkennen, die Ihnen gilt, daraus Kraft zu ziehen und mit Menschen Bindungen einzugehen, die Ihnen Freude bereiten. Das ist eines der süßesten Gefühle der Welt: Sie erleben, wie an Sie gedacht wird, wie sich Menschen etwas einfallen lassen, um Ihnen eine Freude zu bereiten und wie sie womöglich sogar Opfer bringen, damit es Ihnen gut geht. Sie erleben, wie Ihnen die Mutter wortlos eine Wärmflasche ins Bett legt, bevor Sie schlafen gehen, Ihr Vater auch nach dem Büro noch Latein mit Ihnen lernt und niemals vergisst, Nutella aus dem Supermarkt für Sie mitzubringen. Sie haben dann Eltern, die zusammen fünf Schulen ansehen, bis die richtige für Sie gefunden ist und die immer an Ihrer Seite stehen.

Das klingt wie die natürlichste Sache der Welt. Man möchte meinen, jeder nimmt Liebe, Zuwendung und Aufmerksamkeiten von Herzen gerne. Aber genau damit haben viele Menschen Probleme – Sie wären überrascht wie viele. Und der Grund ist nicht, dass sich diese vielen Menschen die Liebe nicht ebenso sehr wünschen wie wir alle, der Grund ist ein anderer: Das Nehmerherz vieler Menschen ist verschlossen. Der Satz *„Das kann ich wirklich nicht annehmen!"*, ist dann mehr als eine verlegene Redewendung, er ist die schreckliche Wirklichkeit.

Der Zustand dieser Herzebene wird in der Kindheit definiert: In einem buchstäblich herzlosen Umfeld gibt es nichts, was ein Nehmerherz nehmen könnte, also zieht es sich zurück. Es stirbt dann nicht, denn kein

Herz stirbt, es verkümmert eher – wie ein Muskel, der nicht trainiert wird. Es beginnt ein Schrumpfungsprozess und bald ist es so aus der Übung, dass es gar nicht mehr erkennt, wenn ihm Liebe gegeben wird. Das Schließen des Nehmerherzens geschieht daher auch über lange Zeit, es ähnelt dem Vernarben einer Wunde und wie bei dieser sind die Narben nicht nur oft sehr hässlich, sondern auch nicht sehr lebendig.

Wir schließen diese Ebene, indem wir unser Nehmerherz langsam an die Gebermenge anpassen. Wenn Ihre Mutter und Ihr Vater keine Liebe und Aufmerksamkeit für Sie haben, wenn da nichts auf Sie zukommt, dann beginnt das Nehmerherz, sich kleiner zu machen, seine eigene Größe sozusagen an die Kleinheit der Umgebung anzupassen. Dieser Vorgang setzt sich über viele Monate und teilweise Jahre fort, das Nehmerherz sucht nach Beschäftigung, aber da kommt nichts. Das Nehmerherz ist also schon bald überflüssig – und dann beginnen Sie, sich ebenfalls überflüssig zu fühlen.

Und diese Erfahrung ist für ein Kind eine Katastrophe, ein wirklich bedrohender Zustand. Er ist so seelenbedrohlich, dass Kinder als erstes versuchen diese Tatsache zu leugnen bzw. die Wahrnehmung so lange wie möglich hinauszuzögern. Der Mechanismus, den das Kind dafür anwendet und den auch Erwachsene häufig beibehalten, ist der, sich mit allerkleinsten Liebesstückchen zufrieden zu geben. Sozusagen noch allerkleinste Liebeskrümel zu Brotlaiben zu erklären. Männer und Frauen mit diesem Hintergrund sind dann ganz begeistert, wenn der Partner, der sich ansonsten nicht für sie interessiert und sich jede seelische Grausamkeit erlaubt, Blumen zum Hochzeitstag mitbringt – von der Tankstelle, aber immerhin. Mit dieser Überhöhung versucht das verzweifelte Nehmerherz weiter zu schlagen, es pocht buchstäblich auf sein Existenzrecht. Das verletzte Nehmerherz gibt es in Abstufungen: Manche haben die Tür zum Nehmerherz angelehnt, manche haben sie tatsächlich geschlossen. Das Gefühl, das uns die Tür zusperren lässt, ist aber immer ein schreckliches, es lässt sich zusammenfassen mit dem Satz: *Man mag mich nicht.*

Um die Lieblosigkeit auszuhalten, brauchen wir dann die Dressur der Gefühle, wir rufen also unser Denken und unser Tun zu Hilfe. Unser Denken sucht dann einen Glaubenssatz, der die Basis für unseren Rückzug des Nehmerherzens bildet und dieser Satz lautet: *„Ich brauche keine Zuwendung von anderen."* Dieser Satz schenkt uns eine neue Perspektive für die Menschen, die wir lieben: Wir stellen auf der Herzebene keine Ansprüche mehr und fahren diese langsam, aber sicher, zurück. Wir werden herzbescheiden, was das Nehmen betrifft.

Hinter dieser verschlossenen Tür bleibt dann auch das Gefühl eingesperrt, mit dem alles seine Anfang nahm: *Man mag mich nicht*. Und irgendwann einmal sind wir dankbar für diese Tür, denn sie erlaubt uns, dass dieses scheußliche Gefühl aus unserem inneren Blickfeld verschwindet, wir müssen es nicht mehr spüren. Das Kunststück ist vollbracht, das unberechenbare Gefühl ist unter Kontrolle.

Kommen wir zurück zum Beispiel von Peter und Anna. „Nana" hat ja einen ähnlichen Schock erlebt wie ihr Bruder, ihre gewohnte Welt geht von einem Tag auf den anderen unter wie Atlantis. Sie muss regelmäßig ins Krankenhaus, das ist eine entsetzliche Erfahrung. Sie versucht tapfer zu sein, aber sie versteht nichts von alldem, was Ärzte und Schwestern zu ihr sagen und wenn sie in die verweinten und besorgten Augen ihrer Eltern blickt, verkneift sie sich alle Fragen.

Was ihr aber am meisten fehlt, ist ihr Bruder Peter: Er ist immer der klassische große Bruder gewesen und hat sie beschützt, manchmal durfte sie sogar mit ihm und seinen Freunden Fußball spielen und wenn sie ihr Pausenbrot vergessen hatte, teilte er seines mit ihr. Bei ihm fühlte sie sich geborgen, da war eine Wärme, die es in ihrem netten, aber oberflächlichen Elternhaus irgendwie nicht gab – und er würde bestimmt wissen, was hier passiert und vor allem, ob sie sterben würde. Und sie war sich sicher, dass er dann dem Tod eine Falle stellen und ihn mit seinem Taschenmesser erledigen würde. Aber seit sie krank war, hatten sich Peter und seine Offenheit zu ihr verändert. Peter besuchte sie manchmal im Krankenhaus, aber er war immer gereizt, er war verschlossen und wollte nie etwas mit ihr machen, sie auch nicht trösten oder zum Lachen bringen – und Anna wusste nicht warum.

Sie konnte es sich nur so erklären, dass er sie krank nicht mochte, und es fielen ihr all die Male ein, wo er sie eigentlich nicht auf seine Abenteuer oder Spaziergänge mitnehmen wollte, weil sie ja klein und langsam war. Ihr fiel ein, dass sie immer weinte, wenn sie in Brennesseln traten, Peter kratzte das buchstäblich kein bisschen. Sie kam also zu dem Entschluss: Mein Bruder mag mich nicht mehr. Langsam, unbemerkt und stetig schloss sich die Tür zu ihrem Nehmerherz, eines Tages war da ein kleines, helles Geräusch zu hören, als ob eine Tür ins Schloss fiel; niemand bemerkte es, das Mädchen auch nicht. Und als sie wieder gesund war und die Freude groß und Peter sich ihr wieder näherte, da passierte es: Als er sie wieder einmal fragte, ob sie mit Fußballspielen wolle, sagte sie nein. Sie konnte sich fast zusehen, wie sie das Wort aussprach und an den Gedanken, den sie dabei hatte, an den konnte sie sich noch Jahre später erinnern.

„Das sagt er nur so."

Verschlossene Nehmerherzen sind eine große Belastung für ein Paar, weil ohne das Nehmen auch das Geben keine Freude macht. Ein verkümmertes Nehmerherz bedeutet früher oder später auch das Ende der vielen kleinen Liebenswürdigkeiten, von denen eine große Liebe lebt.

Bitte: das Geberherz

Das Wesen des Geberherzens ist das Verschenken von Freude, Zuneigung, Interesse, Aufmerksamkeit und Liebenswürdigkeiten. Wir bereichern mit dem Geben andere Menschen und deren Leben, wir machen sie glücklich und deren Freude nährt uns. Ein intaktes Geberherz knüpft keine Bedingungen an sein Schenken und empfindet auch keine Anstrengungen dabei. Wir fühlen uns im Geben großartig.

Dieses natürliche Geben ist nicht anstrengend und muss uns als Kind auch nicht antrainiert werden. Das können und wollen wir auf ganz natürliche Art und Weise. Wenn unser Dasein Freude bereitet, dann genügt uns das. Deshalb ist dieses authentische Geben auch eher ruhig, nicht schrill, nicht dauernd, nicht laut; es genügt dem Gebenden oft ein Lachen, ein Blick, eine Geste im berühmten richtigen Moment. Das echte Geberherz arbeitet eher still und leise, die große Geste ist ihm nicht mehr wert als die kleine Aufmerksamkeit. Liebe geben und Freude bereiten zu wollen, ist dann später in unserem Leben die Fähigkeit, auf die Bedürfnisse anderer Menschen einzugehen und mit und für sie zu empfinden. Wenn meine Fähigkeit Liebe zu geben und Freude bereiten zu wollen, Raum bekommt, werden wir zu warmherzigen und großherzigen Menschen, die viel Empathie mit anderen haben.

Als Kinder überschütten wir wie aus einem Füllhorn unsere Eltern und alle uns nahestehenden Menschen ungefiltert und großzügig mit unserer Zuneigung. Die Reaktionen von Mutter und Vater darauf bestimmen nun, wie wir damit im weiteren Verlauf unseres Lebens umgehen, auch in unseren Beziehungen. Wenn unsere Liebe ein Lächeln ins Gesicht der Mutter zaubert oder eine spontane Freude beim Vater entsteht, wenn wir spüren, dass unser Dasein in der Familie ein Wohlgefühl bei allen auslöst, dann ist unsere Reaktion darauf pure Freude. Wir lernen, dass wir, unsere Persönlichkeit, unsere Art zu sein, unsere Ideen und unsere Liebe anderen Menschen etwas bedeuten, dass sie von Wert sind.

Leider ist die Realität oft eine ganz andere. Da trifft unser Geberherz auf ein verschlossenes Nehmerherz – und das ist der berühmte, viel zitierte Stich ins Herz.

Denn unsere Geberqualitäten gehören zum Schönsten und Wertvollsten, was wir haben, hier liegt unsere Individualität und Einzigartigkeit, und deren Zurückweisung ist für jeden Menschen der größte anzunehmende emotionale Unfall. Das mag an der Mutter liegen, die vielleicht so sehr mit sich selbst beschäftigt ist oder als Kind auch so tief verletzt worden ist, dass sie ihrerseits ihr Nehmerherz verschlossen hält. Oder am Vater, der Herzlichkeit verachtet und für Schwäche hält. Wie auch immer, es ist die Situation, auf die unser Geberherz trifft und was wir dann tun, ist das, was jeder nach einem Stich ins Herz tun würde: Wir weichen dem Messer aus:

1. Die erste Möglichkeit ist, das Geben einzuschränken. Wir geben nichts mehr und halten Kontakt nur noch zu Personen, die auf der Herzebene garantiert nichts von uns wollen, weil sie selbst ihr Nehmerherz verschlossen halten. Da stehen sich dann zwei verschlossene Türen gegenüber. Das bringt das Herz nicht mehr so sehr in Not, denn Türen, die zustechen, hat noch keiner gesehen – unser Herz findet das wunderbar.
2. Die zweite Möglichkeit ist, das Geben noch auszubauen. Weil wir uns die schmerzhafte Zurückweisung unserer Herzlichkeit eigentlich nicht erklären können, suchen wir eine Erklärung: Wir glauben dann, wir müssten mehr oder etwas anderes geben, dann würde alles gut. Das ist ein bedrohliches Konzept, weil es fast immer zu Einseitigkeit und Ausbeutung führt. Denn über oft sehr lange Zeit wird unermüdlich Liebe, Wertschätzung und Anerkennung ausgeliefert, ohne dass diese je erwidert würde. Und nach jeder Zurückweisung wird die Anstrengung dann noch einmal erhöht – es wird immer mehr gegeben und immer mehr probiert; oft auch mehr, als man vielleicht zu geben hat.

Das Gefühl, das durch die Zurückweisung der Liebe entsteht, ist wieder ein fundamental furchtbares, es lautet: *Ich bin nicht liebenswert.* Für das Aushalten dieser schmerzhaften Zurückweisung brauchen wir dann einen Dressurakt der Gefühle, wir rufen dann unser Denken und unser Tun zu Hilfe. Unser Denken sucht dann als erstes einen Glaubenssatz, der die Basis für eine Veränderung unseres Geberherzens bilden kann und dieser Satz lautet: *Meine Liebe ist nichts wert.* Mit diesem Satz wissen wir dann, was zu tun ist: Wir fahren unsere Anstrengungen auf der Herzebene langsam, aber sicher zurück und stellen sie letztendlich ein. Wir werden kleinherzig, was das Geben betrifft oder geben immer mehr, immer hilfloser, bis wir langsam, aber sicher auf der Herzebene ausbluten.

Ein Geberherz, aber auch ein Nehmerherz stirbt nicht. Beide sind nur verletzt und passen sich ihren kindlichen Gegebenheiten an – was im Umkehrschluss bedeutet, dass sie nur darauf warten, in der Partnerschaft unter erwachsenen Gegebenheiten geheilt zu werden, um wieder mit ihrer ursprünglichen Kraft schlagen zu dürfen. Denn eine glückliche Partnerschaft erkennt man an einem ausbalanciertem Nehmen und Geben, und dafür brauchen beide Liebende ein intaktes und kräftiges Nehmer- und Geberherz.

Wie würde sich die Tür zum Geberherz nun bei Peter und Anna schließen? Vielleicht so: Das Mädchen macht aus ihrer Verbundenheit mit ihrem Bruder kein Hehl. Alle Blumen, die sie im Krankenhaus bekommen hat, trocknet sie sorgfältig in ihrem Weltatlas und als der Vater ihr als Geschenk ein Buch mitbringt, fragt sie ihn noch vor dem Auspacken, ob Peter auch eines bekommen hätte. Als aus den Tagen im Krankenhaus Wochen werden, beginnt sie ihrem Bruder zu schreiben, sie erzählt ihm von ihren Tagen und erkundigt sich nach seinen. Er beantwortet keinen einzigen ihrer Briefe. Anna beginnt sich Sorgen um den Bruder zu machen, sie weiß, dass das nicht seine Art ist, aber sie weiß nicht, was mit ihm los ist. Sie beginnt die Eltern auszufragen, die nur von Peters Wut und Problemen mit ihm berichten und sie abwimmeln mit Sätzen wie „Aber Peter ist jetzt wirklich nicht wichtig, Schatz. Es geht doch um dich."

Als sie aus dem Krankenhaus zurückkehrt, bleibt Peter in seinem Zimmer vor dem Computer sitzen, er hat sie nicht einmal begrüßt und zwei ihrer Briefe liegen ungeöffnet auf seinem Schreibtisch. Als sie unsicher in sein Zimmer geht um ihm ihre Narbe zu zeigen, murmelt er nur, dass ihn das nicht interessiere; außerdem sehe sie doch, dass er beschäftigt sei.

Mit seiner ersten Freundin Tanja hatte Peter später großen Liebeskummer, als dieser für ihn unerträglich wurde, fragte er seine Schwester, was er denn tun solle. Anna zuckte die Achseln und meinte, sie würde diese Tanja doch gar nicht kennen, da könne sie auch nichts sagen. Sie sah sein leidendes Gesicht und er tat ihr leid. Sie hörte dann auch noch einmal in sich hinein, aber da blieb alles still und dann hörte sie sich sagen:

„Du, mach einfach, was du willst.“

Was das Verständnis von Nehmer- und Geberherz für jede Partnerschaft nun so wichtig macht, ist der direkte Einfluss der beiden auf das Verhalten der Liebenden. Die beiden Herzen bilden zusammen das, was man unseren „Liebeswert“ nennen könnte – die große und entscheidende Steuerungseinheit für alle unsere Beziehungen.

Der Liebeswert

Wenn wir die Erfahrung machen, dass unsere kindlichen Gaben wie Charme, Ideenreichtum, Lebensfreude und Herzlichkeit nicht angenommen werden, wenn in unserem Umfeld niemand Wert auf unsere Herzqualitäten legt, dann beginnen wir uns zu fragen, woran das denn liegen könnte. Und auf diese Frage entwickeln wir eine im Grunde sehr erstaunliche Antwort – wir beschuldigen uns selbst.

Wir sind als Kind abhängig von den Eltern und ihren Reaktionen, wir können den Familienverbund nicht verlassen. Wir müssten eigentlich sagen: *„Ich armes Kind. Ich habe Eltern mit Herzinsuffizienz.“* Aber das können wir nicht. Stattdessen entwickeln wir ein anderes Reaktionsmuster auf die ungenügende emotionale Versorgung durch die Eltern – eben die Selbstanklage. Wir sagen dann nicht über unsere Eltern: „Oje.“ Stattdessen sagen wir über uns selbst: „Oje.“ Wir nehmen an, wir wären nicht liebenswert, denn sonst würde der Vater einfach strahlen, wenn er nach Hause kommt und uns sieht. Aber er strahlt nie, er ist mürrisch und nichts an uns interessiert ihn. Und die Mutter ist immer überfordert, schreit bei jeder Kleinigkeit und kann sich an dem Wesen des Kindes nicht erfreuen.

Was wir gegen dieses emotionale Schmirgelpapier tun, ist die Schuld auf uns zu nehmen – wir beginnen uns zu fragen: Was schätzt meine Umgebung? Wer muss ich sein und was muss ich tun, um endlich geschätzt und geliebt zu werden? Wir verlieren das Urvertrauen, dass wir gut sind, so wie wir sind, und entwickeln stattdessen das Urmisstrauen, dass wir nicht gut genug sind – wir verlieren unseren Liebeswert.

Der niedrige Liebeswert ist also unsere Selbstreduktion in Liebesdingen mit dem Zweck, die Entwertung unserer Liebe auszuhalten. Das ist ein kindliches Schutzsystem, mit dem wir dann als Erwachsene unsere Beziehungen führen. Sie justieren damit Ihr inneres Gefühl, wie viel Liebe im Leben für Sie existiert bzw. erwartbar ist und wie viel Lieblosigkeit Sie erdulden müssen.

- Ein hoher Liebeswert bedeutet: Für mich gibt es im Leben viel Liebe, Zuwendung und Schönheit. Ich muss keine Lieblosigkeit erwarten, ich habe einen Partner auf meinem Niveau und kann einfach so sein, wie ich bin. Der Mensch an meiner Seite wird mich genau dafür lieben.
- Ein niedriger Liebeswert bedeutet: Ich habe im Leben wenig Liebe, Zuwendung und Schönheit zu erwarten. Weil ich das alles selbst nicht bieten kann, werde ich auch keinen Partner auf meinem Niveau finden. So wie ich bin, werde ich nicht geliebt, ich bin nicht gut genug.

Jetzt verstehen Sie auch, welch große Bedeutung Ihr Liebeswert für Ihr Beziehungsleben hat – wenn der Liebeswert niedrig ist, kann es in Ihrem Liebesleben nicht hoch hergehen. Aber Liebe zu geben und Liebe zu nehmen ist alles andere als eine Selbstverständlichkeit, es ist vielmehr eine emotionale Kompetenz, die wir erreichen und verlieren können, die wir üben und anwenden müssen. Es ist eine lebenslange Aufgabe, diese beiden Fähigkeiten wachsen zu lassen – und das Glück ist vielleicht nichts anderes, als die Belohnung für das Bemühen, Nehmen und Geben auf ein immer höheres Niveau zu schrauben. Tun das ein Mann und eine Frau Seite an Seite, dann erleben sie die Liebe.

Schutzhülle: der Funktionswert

Ein niedriger Liebeswert ist dabei mit einem ganz speziellen Lebensgefühl verbunden – dem Lebensgefühl von Minderwertigkeit. Das ist eine höchst unangenehme Empfindung für jeden Menschen, denn wir sind von Natur aus Wesen der Fülle und des Zutrauens, nicht der Leere und des Zweifels. Das Gefühl von Minderwertigkeit ist daher eine Seelenlage, die nicht leicht auszuhalten ist, weder für junge noch für erwachsene Menschen und wenn sich dieses Lebensgefühl breit macht, versuchen wir deshalb auch so schnell wie möglich ein Kompensationsprogramm zu entwickeln – den „Funktionswert".

Der Funktionswert ist der Versuch, die gefühlte innere Wertlosigkeit durch Anhäufung äußerer Leistungen auszugleichen. Wir fragen uns dann, wie wir uns benehmen, wie wir aussehen, wem wir gefallen und was wir haben müssen, um liebenswert zu sein. Dass wir selbst liebenswert wären, so wie wir sind – das können wir uns mit einem verlorenen Liebeswert tatsächlich nicht mehr vorstellen. Bei Kindern äußert sich der Funktionswert in verschiedenen Formen: Sie haben die Möglichkeit, lieb, nett und brav zu werden, unsichtbar oder ein Problemkind zu werden. Im Normalfall behalten wir das Wesen unseres Funktionwertes bei, d. h. Erwachsene schreiben dieses Programm weiter fort: Wir werden dann liebe, nette und brave Karrieristen, verschwinden als Persönlichkeit oder bleiben eine ständige Problemquelle. Wir bemühen uns zu funktionieren und durch das Funktionieren liebenswert zu werden – aber tatsächlich verlieren wir mit jedem Tag, den wir uns um unseren Funktionswert kümmern, den Kontakt zu unserem Liebeswert. Denn für den Funktionswert müssen wir uns ständig fragen, was unsere Außenwelt will und denkt, wir müssen vorausahnen, was diese oder jene Bemerkung für eine Wirkung haben wird und ständig unsere Umgebung mit einem Scan prüfen, der uns sagt, wie wir gerade wirken. Zu uns selbst und unseren Gefühlen haben wir kaum noch Kontakt. Und plötzlich ist jedes Selbst, jedes „Ich will." und jedes „Ich fühle." sehr weit weg. Denn wie jede Kompensation hat auch der Funktionswert einen grundsätzlichen Nachteil: Er hält uns vom Ausheilen unserer echten Wunden ab. Wir verbrauchen unsere Zeit, unsere Energie und unsere Kraft mit einer Ersatzhandlung anstatt mit dem wirklichen Thema. Wie das genau aussieht, lässt sich am Beispiel von Peter und Anna gut erklären:

- Peter hat durch die Erfahrungen im Zusammenhang mit der Krankheit seiner Schwester das Lebensgefühl entwickelt: „Ich bin nicht richtig so wie ich bin." Seine Antwort darauf war innerlicher Rückzug und äußerer Ehrgeiz – beide bilden die Kompensation für seinen verlorenen Liebeswert. Und mit beiden geht er in der Folge in sein Erwachsenenleben. Er zieht unmittelbar nach der Schule von zu Hause aus, bewirbt sich bei der besten Universität des Landes um einen Studienplatz, was ihm Dank seiner hervorragenden Noten auch gelingt. Er studiert schnell und beginnt zielstrebig eine Karriere als Internist. Seine Beziehungen zu Kommilitonen und Kollegen sind oberflächlich, er gilt als Karrierist und Ellbogentyp. Wirklich herzlich ist sein Umgang mit den Patienten, für die er Mitgefühl, Humor und ärztliches Engagement an den Tag legt. So wie er als Kind gerne seine Schwester behandelt hätte, so verhält er sich seinen Patienten gegenüber. Denn innerhalb seiner Funktionsebene als Arzt fühlt er sich wertvoll und kann als Arzt auch eine mitfühlende Haltung einnehmen. Seine Karriere in Sache Liebe und Beziehungen fällt dagegen bescheiden aus: De facto gibt es keine nennenswerten Frauen in seinem Leben, ab und zu säumen kurze Bekanntschaften oder sexuelle Affären seinen Weg, aber zu den Weihnachtsfeierlichkeiten bei seinen Eltern erscheint er immer ohne Begleitung.
- Anna hat durch die Erfahrungen im Zusammenhang mit ihrer Krankheit das Lebensgefühl entwickelt: *Ich darf nicht schwach sein!* Ihre Antwort darauf bestand in zunehmender Selbstverleugnung. Da sie sich selbst nicht mehr als liebenswert empfinden konnte, begann sie Abstand von ihren eigenen Bedürfnissen und Wünschen zu nehmen und einen Funktionswert zu entwickeln, der auf Altruismus beruhte. Sie begann sich um das Leid und Unglück anderer zu kümmern. Dieser Neigung folgend begann sie Soziologie und Psychologie zu studieren; ohne den Ehrgeiz ihres Bru-

ders und ständig engagiert in aktivistischen Nebentätigkeiten. Sie kandidierte für das Studentenparlament, organisierte Demos und Online-Plattformen aller Art, sammelte Geld für Hilfsprojekte und setzte durch, dass in ihrer WG zwei Flüchtlinge aufgenommen wurden. Sie ist eigentlich eine hübsche Frau, vernachlässigt aber ihr Äußeres und straft Nagellack, Parfum & Co mit konsequenter Verachtung. Ihr fällt selbst auf, wie wenig Interesse sie an Männern, Flirten oder Sex hat und das Thema erledigt sich für sie dann auch, als sie sich gegen Ende des ersten Semesters in einen Studienkollegen verliebt, einen freundlichen jungen Mann, der selbst noch sehr orientierungslos im Leben steht, und deshalb ihr fürsorgliches und anspruchsloses Wesen schätzt.

Selbstgemacht: die Muster der Entwertung

Glauben Sie keinen Moment daran, dass Sie der einzige Mensch auf der Welt sind, der einen niedrigen Liebeswert hat – es ist mehr oder weniger der Zustand von uns allen. Der niedrige Liebeswert ist für uns so wesensbestimmend wie unsere Sterblichkeit, wie die Notwendigkeit, das tägliche Brot verdienen zu müssen oder die Tragödie, dass man nie ein Taxi findet, wenn man eins braucht, vor allem, wenn es regnet.

Und immer, wenn man das Thema anspricht, kommt eine interessante Antwort: „*Das ist es. Danke. Genau so geht es mir.*“ Wie kann das sein – wie kann es dazu kommen, dass wir vor uns und den anderen verbergen, worunter wir alle leiden? Warum teilen wir das Problem nicht? Warum tun wir so wenig dagegen? Ja, warum sind wir oft nicht einmal in der Lage zu erkennen, dass es uns herzlich schlecht geht?

Die Antwort lautet: Weil wir uns selbst darin festhalten und diesen Zustand deshalb für die natürlichste Sache der Welt halten. Wir sind damit beschäftigt, uns den ganzen Tag, jede Stunde und jede Sekunde uns auch im erwachsenen Leben dort zu halten, wo wir eigentlich nicht sein sollten – in unseren kindlichen Entscheidungen. Genau genommen ist nicht der niedrige Liebeswert das Problem, sondern das Beibehalten dieser Konstruktion im Erwachsenenalter. Es ist in etwa so, als ob sich die Marionetten jeden Tag die Schnüre selbst neu aufziehen würden. Wir sollten unsere Schnüre so schnell wie möglich durchschneiden, aber dafür müssen wir sie kennen:

1. Selbstkritik
„Ich bin zu groß/zu klein. Ich bin zu dick/ich bin zu dünn. Das ist nicht gut genug. Das habe ich wieder nicht schnell genug hingekriegt. Das hätte ich anders lösen müssen. Da habe ich schon wieder viel zu viel Geld ausgegeben. Ich war ein Idiot mich auf diese Beziehung einzulassen."

Selbstkritik lässt sich am besten verstehen als ein permanenter innerer Kritiker, der auf Ihrer Schulter sitzt und alles, was Sie tun, einer Bewertung unterzieht. Normal, einfach so oder eben Ihre Art ist dann nichts mehr, alles wird in positiv oder negativ eingeteilt. Das Ergebnis ist immer das gleiche: In Summe sind Sie unakzeptabel bzw. nicht gut genug und keiner Liebe wert, nicht einmal der eigenen.

2. Schuldgefühl
„Oh, da habe ich nicht aufgepasst. Das hätte ich wissen müssen. Nein, das tut mir leid. Das nächste Mal achte ich bestimmt darauf. Entschuldige bitte. Das hat er/sie nicht wissen können. Das hätte ich bedenken müssen."

Schuldgefühl ist eine Variation der Selbstkritik. Wir sind dank unseres schlechten Gewissens ganz fest überzeugt, dass es unsere Schuld ist, wenn etwas falsch läuft. Jedes Problem entsteht durch uns oder durch unser Mitverschulden.

3. Selbstzweifel
„Ich glaube, ich sehe heute unmöglich aus. Ich bin nicht der Richtige für diesen Job. Das können andere doch viel besser. Ich kann mit dem neuen Programm bestimmt nicht umgehen. Ich würde das heute alles ganz anders machen. Wenn der Chef/mein Mann/sie das sagt, wird das

schon stimmen. Nein, ich wollte nichts sagen, ist nicht so wichtig, hat sich erledigt."

Selbstzweifel sind das Ergebnis einer großen inneren Unsicherheit. Jedes Mal, wenn wir vor einer Herausforderung oder einem Hindernis stehen, aber auch vor einer Chance und Gelegenheit, wählen wir den Stillstand und den Rückschritt. Selbstzweifel sind eine effiziente Methode, jede Veränderung zu verhindern. Und sie beruht auf der Annahme, dass das Ergebnis jeder Veränderung eine Niederlage und das Scheitern sein wird.

4. Selbstkasteiung
„So ein schönes Wetter, ideal um die Fenster zu putzen. Nimm ruhig, ich bin schon satt. So viel Geld für ein Parfum ist wirklich verboten. Das trägt man, wenn man jung ist. Fangt schon mal ohne mich an. Wir schenken uns nichts zu Weihnachten."

Wenn Sie sich permanent die schönen Dinge des Lebens versagen, zementieren Sie Ihren niedrigen Liebeswert fest ein. Sie selbst sind immer die erste Person, die Sie lieben kann und die Sie lieben sollten.

5. Autoaggression
„Ich rauche - na und? Ich trinke viel, aber ich kann auch viel vertragen. Ich bin fast fertig – nur noch eine Stunde im Internet, nur noch diesen Film, nur noch diese Mail. Ich bin schon dick, da macht diese Schokolade auch nichts mehr. Morgen melde ich mich im Fitnesscenter an, ganz bestimmt."

Der selbstzerstörerische Umgang mit unserem Körper ist immer der Anfang des selbstzerstörerischen Umgangs mit uns selbst.

6. Opferhaltung
„Warum immer ich? Warum ausgerechnet jetzt? Warum wird es nie besser? Es geht mir so schlecht. Meine Eltern haben nichts für mich getan. Ich komme da nie raus."

Anstatt Verletzungen, Enttäuschungen und Niederlagen als Aufforderung zur Entwicklung zu begreifen, empfinden wir in der Opferhaltung alle vermeintlich negativen Ereignisse als Ungerechtigkeit und Zumutung. Wir machen sie so zu wertlosen und unbedeutenden Ereignissen, was sie nicht sind. Und weil wir dabei die Verantwortung für das eigene Tun ablehnen und auf einer Position der Ohnmacht beharren, wird jede Veränderung schwer.

7. Narzissmus
„Jetzt haben wir alle nur über mich gesprochen. Wie geht es denn Euch? Findet ihr auch, ich habe abgenommen? Eure Hochzeit ist toll, aber unsere war irgendwie etwas Besonderes. Meine Schwiegertochter ist eine furchtbare Mutter für meinen Enkel. Das stimmt, aber ich ..."

Narzissmus kann wie Selbstliebe aussehen, er ist aber eine Attrappe. Um geliebt zu werden, benehmen sich diese Menschen so, dass andere sie eigentlich nicht lieben können. Sie sind laut, selbstherrlich und sehr anstrengend für ihre Umgebung. Narzissmus ist Rauch, niemals Feuer. Mit der wirklichen Person hat man bei einem Narziss niemals zu tun – die echte Person mit ihren Wünschen, Ängsten, Hoffnungen und Träumen ist nicht einmal im selben Raum.

Wir alle bedienen uns einer oder sogar mehrerer dieser Methoden, um unseren Liebeswert niedrig zu halten. Diese Mechanismen der Selbstentwertung sind nicht hilfreich, aber sehr wirksam – sie sorgen verlässlich dafür, dass unsere Ansprüche und unsere Erwartungen an das Leben und an die Liebe gering bleiben. Und mit diesen geringen Ansprüchen und Erwartungen landen wir dann prompt in Beziehungen mit nicht geringen Problemen.

2

LIEBESMÜHE

Wahre Liebe, falsche Liebe

In diesem Kapitel geht es darum, auf welchen falschen Tanzböden Paare vielfach stehen, wie es ihnen also ergeht, wenn sie irgendwo zwischen Funktionsebene und Herzebene falsch abbiegen. Dann entstehen Beziehungen, die aussehen wie Liebe, aber nicht mehr Liebe sind. Jedenfalls nicht die große und die wachsende und wirklich uns zugedachte und uns meinende Liebe.

Hohe Wellen: Der Fischer und seine Frau

Das Märchen vom Fischer und seiner Frau zeigt ein besonders häufiges Modell der falschen Liebe, das deshalb so verbreitet ist, weil es gleich zwei Fliegen mit einer Klappe schlägt: Es vermeidet die Funktionsebene – und die Herzebene und am Ende erweist sich das als doppelt falsch. Weil das Märchen vom Fischer und seiner Frau vielleicht etwas in Vergessenheit geraten ist, möchten wir es an dieser Stelle noch einmal kurz erzählen.

Ein Fischer, der mit seiner Frau in einer armseligen Hütte lebt, angelt im Meer einen Butt, der sich als verwunschener Prinz erweist und um sein Leben bittet; er würde dafür auch jeden Wunsch erfüllen. Der Fischer aber winkt ab, lässt ihn wieder frei und erzählt seiner Frau Ilsebill abends davon. Als Ilsebill das hört, ist sie wütend, dass ihr Mann sich nichts im Tausch gegen die Freiheit des Fisches gewünscht hat und drängt ihren Mann, den Butt erneut zu rufen, um ein ordentliches Haus zu erbitten. Der Fischer fühlt sich nicht wirklich wohl dabei, aber er fügt sich und ruft den Fisch an Land, der ihm den Wunsch erfüllt. Doch Ilsebill ist damit keineswegs zufrieden, im Gegenteil: Ihre Phantasien und Wünsche werden immer größer. Erneut verlangt sie von ihrem Mann, den Butt an Land zu rufen und einen weiteren Wunsch vorzutragen. Nach dem Haus verlangt sie ein Schloss, danach möchte sie König, Kaiser und schließlich Gott werden. Alle diese Wünsche werden vom Butt erfüllt mit der Formel: „*Geh nur hin, sie ist es schon.*“

Der Fischer teilt die Wünsche seiner Frau nicht, aber er beugt sich ihrem Willen, obwohl er zunehmend Angst vor diesem bekommt. Die Zeichen sind eindeutig – je maßloser Ilsebills Wünsche werden, desto mehr braut es sich über den beiden zusammen. Die See wird erst grün, dann blauviolett, dann schwarz, und immer heftiger wird auch der Sturm. Als Ilsebill schließlich fordert, wie der liebe Gott zu werden, kommt es, wie es kommen muss: Sie werden beide zurück in die armselige Hütte versetzt.

Fischer-und-Frau-Paare sind unter modernen Männern und Frauen häufiger, als man annehmen möchte, und ihr Verbindungsprinzip lautet: Der eine ruft und will etwas, und der andere will nur in Ruhe gelassen werden.

Wenn man nur die materielle Unersättlichkeit der Ilsebill sieht, ist die Geschichte schnell abgehandelt, sie ist dann eine der vielen Variationen des Themas, dass materielle Gier ins Unglück führen oder dass Frauen eben nie genug haben und immer keifen und zetern. Aber das ist nur die äußere Ebene.

Wenn man die Geschichte auf die Herzebene bezieht, gibt sie eine andere Lesart frei: Beim Fischer und seiner Frau sind dann keineswegs Maß bzw. Maßlosigkeit das Thema, sondern der Unterschied zwischen dem Wollen auf der Funktionsebene und dem Wollen auf der Herzebene. Der Kern der Ilsebill ist, dass sie Herz meint, aber „Besitz“ sagt. Und der Kern des Fischers ist, dass von ihm eine Anteilnahme und Auseinandersetzung gefordert ist, der er sich durch Bequemlichkeit entzieht. Und dieses Modell ist ein System, nach dem viele moderne Paare funktionieren. Es ist das Modell des falschen Wollens, das auf ein falsches Lassen trifft.

Und es ist ein Modell, bei dem nicht einer an der Katastrophe schuld ist, sondern beide. Nur ist es die eine offensichtlich (Ilsebill) und der andere versteckt (Fischer), was für das Ergebnis allerdings keine Rolle spielt. Jeder der beiden Eheleute hätte das Scheitern verhindern können – getan hat es aber keiner.

Schauen wir einmal hinter die Kulissen, beginnend mit der Ilsebill: Als Frau bittet sie mit der größeren Hütte keineswegs um eine Abstrusität, sondern um etwas zutiefst Weibliches – eine würdige Existenz für die Familie. Die Hütte kommt ja allen zugute, das ist ein großer Unterschied etwa zu einem Wunsch nach goldenen Ringen oder dem größten Diamanten der Welt. Das wären egoistische Wünsche, das größere Zuhause aber schließt den Ehemann mit ein, es meint sie beide und gegenenfalls auch die Kinder. Außerdem zielt ein Haus nicht nur auf Komfort, sondern auch auf Raum zur Entfaltung für die Persönlichkeiten, die darin wohnen. Und wir dürfen auch annehmen, dass Ilsebill schon Jahre der Entbehrung und Tristesse hinter sich hat, für die ihr durchaus eine kleine Belohnung zustehen würde. Ihr Gefühl ist also nicht Gier, sondern der Wunsch nach etwas mehr echtem Leben, nach Freude, nach Normalität.

Dabei schwingt ein Motiv mit, das moderne Frauen gut kennen, nämlich dass sie ihr Leben nicht von dem Leben und auf keinen Fall von der Tagträumerei, Ideenlosigkeit und Unfähigkeit ihres Mannes abhängig machen wollen. Ilsebill geht es um Freude, um Lebensfreude und daran ist eigentlich gar nichts falsch.

Genau dafür hat Ilsebill allerdings keine Worte, es ist ihre Sprachlosigkeit des Herzens, die ihr da zum Verhängnis wird und das teilt sie mit vielen modernen Frauen. Sie können ebenfalls nur selten ihre echten inneren Wünsche benennen und sie können das deshalb so schlecht, weil ihnen das Achten auf ihr Wollen und ihre Bedürfnisse so wenig beigebracht bzw. erlaubt wurde. Zusätzlich trifft Ilsebill eine Annahme, die schon seit Jahrhunderten von Frauen getroffen wird und zum Inventar weiblichen Selbstschutzes gehört – dass nämlich der Mann diese Wünsche sowieso nicht erfüllen wird. Niemals. Und hier setzt der Selbstwert an und fordert stattdessen Besitz. Wertsachen. Äußerlichkeiten. Ilsebill steht am Ende mit leeren Händen da, weil sie keine Ahnung hat, wie sehr sie von Anfang an bereit ist, sich über die Leere in ihrem Herzen mit einem vollen Kleiderschrank hinwegzutrösten.

Kommen wir nun zum scheinbar so armen Fischer: Selbst wenn wir die Ferndiagnose fallen lassen, dass da wohl ein notorischer Verlierer am Werk ist, der mangels Ehrgeiz und Phantasie nicht einmal das Angebot des Butts annehmen kann und lieber mit Fischen spricht anstatt mit seiner Frau – ein Mann ist dieser Kerl für seine Frau nicht. Er warnt sie weder vor ihrem eigenen Wollen noch wehrt er sich dagegen. Er geht den bequemsten Weg von allen: Er tut, was seine Frau ihm sagt. Halbherzig, wie es so schön heißt, aber im Grunde viertelherzig, ach was: nullherzig. Er ist so weit weg von Ilsebills Gefühlswelt, dass er gar nicht weiß, was sie da warum tut. Er kennt ihre innere Welt nicht und interessiert sich auch nicht dafür. Er könnte jeden dieser Wege zum Butt auch nicht gehen, er müsste es sogar, aber er legt sie alle zurück, weil er Angst vor der Auseinandersetzung, der eigenen Meinung und der eigenen Verantwortung für das gemeinsame Eheleben hat. Er tut in Wirklichkeit gar nichts für Ilsebill, er gibt ihr nichts, schon gar nicht das, was sie wirklich bräuchte – herzliche Zuwendung und echte Auseinandersetzung. Er wirkt bescheiden und unschuldig, aber genau das ist er nicht. Gegenüber seiner Frau zeigt da ein Mann nichts anderes als eine subtile Form von Distanzierung und Desinteresse. Er macht es sich bequem. Und zu dieser Bequemlichkeit gehört ebenfalls die Sprachlosigkeit des Herzens, auch er spricht nicht über Herzthemen, nicht über sein Unbehagen, nicht über seine Angst und schon gar nicht über ein gemeinsames Wünschen und Wollen und Tun.

Und da liegt wohl der Butt begraben: Hier agieren gar nicht zwei, sondern zweimal einer. Und die nehmen einfach die am nächsten liegende Sackgasse, aber den Ausweg suchen sie nicht. Der würde über die Herzebene gehen: Über das Öffnen der geheimen Botschaften – und dann könnte es märchenhaft werden. Für den Fischer und seine Frau.

So satt: Made und Speck

Bei diesem Beziehungsmodell möchte man sich erst einmal die Augen reiben, so einseitig klingt es. Es taucht sofort die Frage auf, wie man eine

Beziehung führen kann, die so klar zulasten eines Partners geht. Oder ist der Titel vielleicht gar nicht so gemeint?

Doch, „Made und Speck“ ist genauso gemeint, wie es klingt: Der eine nährt und der andere lässt sich nähren. Die Architektur der Beziehung beruht darauf, dass der eine hat und gibt und der andere nicht hat und nimmt.

Das ist am offensichtlichsten, wenn es um Geld bzw. materielle Versorgung geht. Das charakteristische Merkmal in dieser Konstellation ist, dass ein eklatantes Ungleichgewicht bei Existenz und Wohlstand herrscht. De facto hält der eine den anderen materiell aus – und beide halten das für normal. In Zeiten, in denen Männer das Geld verdienten und Frauen es nicht einmal dann verdienen konnten, wenn sie es wollten, war das der Normalfall. Aber diese Zeiten sind vorbei, für moderne Paare ist das eine wirklich dramatische Fehlkonstellation: Niemand kann in wirtschaftlicher Abhängigkeit der sein, der er sein könnte. Die Frauen können ein jahrhundertelanges Lied davon singen und die Männer von heute sollten nicht einmal daran denken, davon die zweite Strophe anzustimmen. Niemand kann in Krisensituationen, bei einem handfesten Streit oder auch nur bei der Entscheidung, wofür das Geld ausgegeben werden soll, authentisch handeln oder einen Rat geben, wenn er sich im Zweifelsfall ernsthaft Sorgen darum machen muss, wie er ein Dach über dem Kopf bekommt oder wie er bzw. sie nach einer Trennung die Kinder durchbringt.

Beim Beziehungsmodell Made und Speck stellt sich daher die Frage, warum das Paar dieses fundamentale Grundgesetz der Balance derart missachtet. Um es vorweg zu nehmen: Sehr selten lautet die Antwort: Weil der eine eben naiv und der andere eben bösartig ist. Die Motive von Made und Speck liegen ganz woanders – nämlich im Ausgleich eines als unerträglich schmerzhaft empfundenen Gefühls von mangelndem Wert.

Das Leitmotiv der Made lautet: *„Ich bin nichts aus mir selbst heraus. Ich kann das nicht, ich schaffe das nicht.“* Varianten dazu lauten: *„Das steht mir* *zu.*" Oder „*Ich tue wirklich was ich kann.*", aber letztendlich wird damit immer eine Ohnmacht beschrieben und ein Mangel, an dem die Made meint, nichts ändern zu können.

Das Motiv des Specks wiederum lautet: „*Ich habe keine Bedeutung, wenn ich nichts gebe.*" Auch da gibt es Nebensätze wie zum Beispiel „*Ich tue das alles gerne für euch.*" oder „*Ich liebe es, wenn ich gebraucht werde.*", aber diese Sätze sind verzweifelte Sätze, denn da muss sich jemand beständig ausnutzen und benutzen lassen, um ein Gefühl von Wertigkeit zu haben.

Es geht zwischen Made und Speck keineswegs nur um materielle Dinge. Der Speck kann auch die emotionale Betreuung, die Organisation des Haushalts oder die Kinderbetreuung zur Verfügung stellen – und die Made konsumiert all diese Dinge, ohne etwas dafür zu tun. Entscheidend ist, dass beide mit diesem Modell äußerer Ungerechtigkeit ihre inneren Defizite stabilisieren, weshalb es für ein Paar auch so schwer ist, dieses Modell aufzulösen.

Die Made wird das aus naheliegenden Gründen selten versuchen, es gibt schließlich kaum einen Grund, die vermeintliche Komfortzone zu verlassen. Und selbst wenn ihr die Erkenntnis dämmert, dass es ein parasitärer Zustand ist, in dem sie da feststeckt, und dass so niemals Augen- oder Herzhöhe herzustellen sind, behalten Unsicherheit und Angst vor einem selbstständigen Leben im Normalfall die Oberhand. Die Versuche des Specks, der Made ein Gefühl von existentieller Sicherheit zu geben und ihr Vertrauen in die eigenen Fähigkeiten zu wecken, scheitern daher fast immer – und wenn der Speck mit Entzug droht, dann droht die Made in der Regel zurück: Sie könne selbstverständlich auch an jemand anderem knabbern, Besseren, Fettere warteten nur so auf sie, da möge sich der Speck mal nicht täuschen. Durch seinen niedrigen Liebeswert wird der Speck selten den Versuch wagen es darauf ankommen zu lassen und den Wahrheitsgehalt dieses Satzes zu überprüfen.

Erst wenn man die Motive unter der Oberfläche erkennt, und realisiert, dass diese scheinbar parasitäre Situation beiden dient, lässt sich die enorme Stabilität von Made und Speck verstehen. Das Paar muss sich der inneren Schieflage annehmen, die der äußeren zugrunde liegt. Und erst dann gibt es die Chance, dass die Liebe wieder beiden schmeckt.

Großer Fehler: die Kleinhalte AG

Sie haben wahrscheinlich schon bemerkt, dass alle Beziehungsmodelle sich dadurch auszeichnen, dass sie Entwicklung und Liebe verhindern, anstatt sie zu befördern. Kein Wunder, sie versuchen ja auch nicht die Integration zwischen Funktionsebene und Herzebene zu schaffen, sondern nehmen die Trennung zwischen beiden als gegeben hin und versuchen dann damit fertig zu werden.

Das nächste Beziehungsmodell tut das ebenfalls, wir nennen es die „Kleinhalte AG". Man könnte sagen, dass die Kleinhalte AG so etwas wie den Kontrapunkt zu Made und Speck bildet – während dort ein ganz offensichtliches Ungleichgewicht herrscht, scheint bei der Kleinhalte AG ein Gleichgewicht zu herrschen. Dieses Beziehungsmodell ist das „Hobbitland", es besteht aus einem gut aussehenden, gut verdienenden, gut ausgebildeten, es gut meinenden, auf jeden Fall gut miteinander umgehenden, dabei gut vorankommenden, gut erziehenden, gut angezogenen und gute Musik hörenden sowie meist gut kochenden Paar mit gutem Geschmack – was soll daran schlecht sein? Wo ist das Problem?

Tatsächlich ist das Problem nicht leicht erkennbar, nicht für das Paar und oft auch nicht für Außenstehende. Das Problem ist, dass dieser permanente Kindergeburtstag nicht das Leben von zwei Erwachsenen ist, sondern das Leben von zwei Menschen, die gerne noch Kinder sein möchten, weil sie tief in sich Angst vor der erwachsenen Welt haben und sich in ihr und von ihr überfordert fühlen. Die wirkliche Welt scheint für dieses Paar immer unkontrollierbar, also fahren sie ein stetiges Sicherheitsprogramm, und es gibt ein permanentes Bemühen um Sicherheit, Vorhersehbarkeit, Nettigkeit, Schutz und Sonnenschein, es gibt eine geradezu panische Vermeidung von allem Schwierigen oder Dunklem, Unvorhersehbaren oder Mutigem.

Es ist wichtig zu verstehen, dass diese Konstellation des Paares deshalb entsteht, weil sie die Konstellation jedes einzelnen Partners ist. Der Mann und die Frau haben den Wunsch, Junge und Mädchen bleiben zu können, und so entsteht eine fast vollkommene Homogenität in allem Tun und Denken, die für diese Paare typisch ist. Sie haben dieselben Interessen und pflegen Kontakt nur mit Gleichgesinnten – als Singles mit anderen Singles, als junge Paare mit anderen jungen Paaren und wenn das erste Kind kommt, dann treffen sie eben Paare, die auch gerade das erste Kind bekommen haben. Sie haben die gleichen Freuden und Leiden; wenn einer mit Yoga beginnt, ist der andere gerne dabei und wenn der eine beschließt Veganer zu werden, ist das für den anderen auch ok und er macht gerne mit.

Es ist, als ob man mit sieben oder neun oder 12 Jahren die Luft anhält und beschließt, erst oben im Himmel wieder mit dem Atmen anzufangen. Und wenn ihnen das gelingt, und das Glück und die Gesundheit und der Arbeitsmarkt oder ein großes Erbe ihnen hold sind, dann gelten diese Paare auch gerne als Vorzeigepaar, bei dem man tief drinnen allerdings immer das Gefühl hat, dass man so eigentlich nicht sein möchte. Und der Eindruck trügt nicht.

Die Kleinhalte AG zahlt für ihre „Paarmonie" nämlich einen sehr hohen Preis – Stillstand. In einer Kleinhalte AG sind Sie mit 80 so, wie Sie mit 60 waren und da sind Sie so, wie Sie mit 50 waren und mit 40 und mit 30 und so weiter. Um das zu erreichen, sondiert die Kleinhalte AG ständig die Außenwelt. Alles ist davon abhängig, was andere sagen, machen oder tun, das ist kraftraubend und im Kern autoaggressiv, weil es sich ständig kontrollierend an den authentischen eigenen Wünschen und Impulsen vergreifen muss.

Zum System des selbst angelegten Korsetts gehört auch eine übersteigerte Position der Ursprungsfamilie: Die eigenen Eltern und Geschwister sind immer wunderbar und unverzichtbar, sie werden gerne eingeladen und besucht und auf sie lässt man nichts kommen.

Weil diese Harmoniesucht beiden zueigen ist und meistens wasserdicht angelegt wird, braucht die Kleinhalte AG dann auch einen echten Asteroiden, um aus ihrer Bahn geworfen zu werden. Sie braucht einen kräftigen Einschlag von außen, beispielsweise eine echte Krise wie etwa Jobverlust oder Krankheit. Dann ist die Situation in der Regel sehr schwer zu lösen, weil die Inhaber der Kleinhalte AG genau darauf sehr schlecht vorbereitet sind: Auf Veränderung, unterschiedliche Meinungen, Auseinandersetzung, Selbstständigkeit, Ecken und Kanten – richtig – auf das völlig normale erwachsene Leben.

Kein Märchen: Hänsel und Gretel

Das nächste Beziehungsmodell ist der Kleinhalte AG ähnlich, aber es hat einen ganz anderen Anfang. Wie bei der Kleinhalte AG leben da zwei Kinder aufs Engste zusammen, aber aus einem ganz anderen Grund, aus einer ganz anderen Angst heraus.

Während die Partner in der Kleinhalte AG Angst vor der erwachsenen Welt haben, haben Hänsel und Gretel Angst vor ihrer Kindheit. Sie wollen ihre Kindheit nicht verlängern, im Gegenteil: Sie wollen mit ihrer Kindheit nie wieder etwas zu tun haben. Sie versprechen sich hoch und heilig, dass sie nie wieder so einsam und verloren sein werden, wie es jeder von ihnen in der eigenen Kindheit war, denn diese war im Hänsel und Gretel-Fall immer eine Schreckenswelt: Sie war eine Zeit voll von Enttäuschungen und Angst, voller Grobheit und Kälte. Niemand hat sich auf das Kind gefreut und auf seine fröhlich-laute oder still-innige Art schon gar nicht, da ging alles fort oder dahin, was geliebt wurde und warm und herzlich und hell wurde es immer weniger und die ganze Kinderwelt bestand vor allem aus Verlust und Angst und aus unendlich vielen Tränen und Enttäuschungen und dem Gefühl einer zugeschnürten Kehle und einer zupressenden Faust um das Herz herum. – Für einen Mann oder eine Frau mit diesen Erfahrungen ist die Aussicht, das nie wieder erleben zu müssen, ein mächtiges, ein goldenes, ein geradezu unwiderstehliches Versprechen.

Die Hänsels und Gretels dieser Welt können deshalb ihr Glück, jemanden an ihrer Seite zu haben, meist gar nicht fassen. Aus diesem Grund ist der Hänsel oder die Gretel und oft auch beide sehr besitzergreifend. Da möchte ein Mensch sich einen anderen Menschen am liebsten einnähen, am besten unter die Haut und direkt mit Doppelstich aufs Herz. Auch die beiden tun dann alles zusammen, besprechen alles zusammen, wollen immer das Gleiche und entscheiden sich für dasselbe. Sex ist in dieser Welt nicht wirklich nötig und auch nicht wirklich spannend, denn wieviel Lust und Begehren gibt es schon zwischen zwei verängstigten Geschwistern? Auch hier ist „Paarmonie" viel wichtiger, tendenziell wird wenig gestritten und wenn, dann nicht lang und nicht tief, denn niemand der beiden möchte den Ast absägen, an dem er sich mit schreckgeweiteten Augen immer noch festhält.

Aber Hänsel und Gretel bleiben auf diesem Weg nicht kindlich und kindisch schon gar nicht. Sie vermeiden jeden Stresstest der Beziehung, das stimmt, aber sie erleben durchaus die Höhen und Tiefen eines erwachsenen Lebens und empfinden sie auch als normal. Da gibt es Krisen und fehlgegangene Lebenswege, Enttäuschungen und Ratlosigkeit womöglich zuhauf, aber es gibt keine Panik und kein Bedürfnis, das alles zukünftig zu vermeiden. Hänsel und Gretel reagieren mit dem Bedürfnis, alle Ereignisse sofort ruhigzustellen. Sie pflegen eine Kultur des Klein- und Schönredens, des Zudeckens und Kalmierens dieser Ereignisse und vor allem der sofortigen gegenseitigen Vergewisserung, dass das nichts an der Beziehung ändern wird und sie auf jeden Fall zusammenbleiben.

Wachstum ist das natürlich nicht.

Das ist eher Nibelungentreue, eine starre, von Angst bestimmte Bewegungslosigkeit, die dem Paar die Entwicklungsmöglichkeiten raubt. Und weil Hänsel und Gretel zwar die heile Welt suchen, aber sehr wohl in der wirklichen Welt leben, gibt es unter der Oberfläche immer echte, authentische und richtige Bewegung – es gibt Träume und Zweifel, Fragen und Sehnsüchte, Wut und Zorn und Ekstase und Ideen, die alle keinen Platz finden, jedenfalls nicht in der Beziehung. Und damit beginnt das Boot zu schaukeln, plötzlich fühlt sich zumindest für einen alles irgendwie unerträglich anstrengend und falsch an, aber nicht einmal das können sich Hänsel und Gretel sagen. In dieser Beziehungskonstellation hat der aktive Partner daher immer ein schlechtes Gewissen, es plagt ihn, was er da an Sehnsüchten und Träumen empfindet und er weiß nicht, wohin damit. Er fühlt sich schuldig und weiß nicht wohin mit seinem Herz. Also bleibt es versteckt. Und verschlossen.

Deshalb sind die Hänsels und Gretels auch klassische Seitensprungkandidaten und Seitensprungkandidatinnen. Sie würden die Beziehung nie gefährden, sie bevorzugen daher Halbwahrheiten und Lügen, weil ja nichts Schwieriges oder Unschönes in der Beziehung Platz hat und schon gar nicht der Glaube, dass eine Beziehung genau dafür da wäre – für Trauen und Anvertrauen und Austausch und das Machen von neuen Erfahrungen, mit denen die alten gelöscht werden könnten. Hänsel und Gretel können daran nicht glauben. Sie stehen immer im großen dunklen Wald, Hand in Hand und mit tastendem Blick und einem Herz, das ihnen bis zum Hals schlägt wie eine Kirchturmuhr, und die Angst und der Schmerz stehen direkt neben ihnen und die Tränen und das Gefühl, dann sterben zu müssen sind nah. Jedenfalls viel näher als Rettung.

Wenn Hänsel und Gretel die Liebe finden wollen, müssen sie sich von ihrer verlorenen Kindheit, ihren geweinten und ungeweinten Tränen, ihrer Sehnsucht nach Stetigkeit und Sicherheit und Dauer erzählen und ihren gemeinsamen Wunsch nach einem „Nie wieder!“ offenbaren. Sie müssen ihr Herz öffnen – es hat lange darauf gewartet. Dann ist alles möglich: Sie können sich dann einfach einmal um den Hals fallen (gerne auch ins Bett), vor Freude nämlich, dass sie sich haben, dass es da jemanden gibt, der sie tatsächlich versteht und nicht darüber den Kopf schüttelt oder sie auslacht. Und dann können sie anfangen, das Mitgefühl mit ihrer eigenen Geschichte zu entwickeln, das notwendig ist, um die eigenen Kindheitsjahre sein zu lassen und ihnen nicht noch wunderbare Erwachsenenjahre hinterherzuwerfen. Und das Mitgefühl mit uns selbst hat immer auch eine andere wunderbare Eigenschaft: Es befähigt uns zum Mitgefühl mit dem anderen, wir können plötzlich verstehen, sehen, aufzeigen – und das ist dann von Erleichterung und Dankbarkeit und Lachen und Zuversicht und einem Gefühl von „Bitte mehr davon und zwar für immer!" nicht weit entfernt.

Schwerer Irrtum: Liebe light

Beispiel 1: M. und C. sind so modern wie Mann und Frau heutzutage nur sein können: M. ist einer von drei stellvertretenden Leitern des städtischen Kulturmanagements; große Brille, kleines Lächeln, Grünwähler und ZEIT-Abonnent seit es Grünwähler und ZEIT-Abonnenten gibt, geschieden, zwei erwachsene Kinder und austherapiert sowie im Grunde zufrieden mit seinem Leben. Aber von diesem erwartet er auch nicht wirklich etwas außer guten Büchern und ab und zu guten Rotwein.

C. ist Ärztin, sie hat viel erlebt und ist nach allerlei Irrungen und Wirrungen zur Altbau-mit-Parkett-und-Flügeltüren-Ruhe in einem gepflegten Bürgerviertel gekommen. Sie war nie verheiratet, ist feministisch bewegt, Mutter einer Tochter, die sie alleine groß gezogen hat, und um die sich im Grunde alles in ihrem Leben dreht. Sie findet sich zu dick und ist ansonsten zufrieden mit ihrem Leben, von dem sie aber doch mehr erwartet hat, ohne wirklich sagen zu können was.

M. und C. kennen sich seit über 12 Jahren, sie lebt in München, er in Berlin, bald werden sie die „goldene Fernbeziehung" feiern, wie sie gerne scherzen. Sie machen ausgedehnte und schöne Reisen zusammen, fahren aber auch alleine weg. Sie haben nie Affären, Sex zusammen allerdings auch wenig. Sie sind stolz darauf, dass sie in der Zeit, die sie zusammen sind, nicht über Banales sprechen, also über Geld, Gesundheit, die Verwandtschaft hier und die Kinder da, sie bemühen sich, nur das Wichtige auszutauschen. Also wird auch oft einmal geschwiegen.

Beispiel 2: F. ist 51 und das, was man einen modernen Mann nennen würde: Architekt, gebildet und im besten Sinn emanzipiert; er kann bügeln, kochen und auch ein krankes Kind pflegen (er hat zwei von zwei Frauen); er ist beruflich erfolgreich, verpasst aber trotzdem keinen Elternabend und im von ihm gegründeten Büro hat er selbstverständlich für Equal Pay gesorgt.

F. ist gebildet und unterhaltsam, das hört er immer wieder, Frauen sind deshalb auch nicht sein Problem. Oder doch – er findet immer welche, mit denen er auch in Beziehung lebt, aber nie die EINE, von der er träumt, seit er seine erste Freundin hatte und mit der er dann die EINE, die RICHTIGE Beziehung leben könnte, wie er felsenfest glaubt. Und so ist F. ein treuer und spannender Mann, der seinen Frauen viel gibt, aber niemals alles. Er ist nie wirklich in seinen Beziehungen und verheiratet ist er selbstverständlich auch noch nicht. F. hält immer ein Stück von sich zurück, den „Reservetank" wie er das nennt und ist der festen Überzeugung, dass erst in der nächsten Beziehung, bei der nächsten Frau alles gut und endlich ganz richtig werden wird.

Beispiel 3: G. ist erfolgreiche Journalistin, sie arbeitet als Moderatorin bei einem großen Fernsehsender und erst letzte Woche hat sie jemand von der Intendanz auf dem Gang gefragt, ob sie sich eigentlich vorstellen könne, in die Politik zu gehen, vielleicht beim Sender selbst oder als Pressesprecherin einer Partei, es gebe da Anfragen, mehr könne er im Moment nicht sagen. G. stürzte in den Park, der das Bürogebäude umgab, riss ihr Handy aus der Handtasche und rief W. an, den Mann, mit dem sie seit acht Jahren zusammen ist und dem sie alles erzählt, schließlich wollen sie eines Tages heiraten.

W. freute sich mit ihr, sie trafen sich in ihrem Lieblingsrestaurant, tranken Champagner und gingen noch ohne Dessert in ihre Wohnung, wo sie übereinander herfielen. Als G. aufwachte, war W. schon weg, wie immer lautlos – er bringt jeden Tag seine Kinder in die Schule, so hat er es mit seiner Frau vereinbart, mit der fast 20 Jahre verheiratet ist und von der er sich auch niemals trennen wird, das ist zwischen G. und W. besprochen.

Alle diese Beispiele zeigen ein Beziehungsmodell, das in den letzten Jahren steile Karriere gemacht hat – „Liebe light". Was dieses Modell auszeichnet, ist der Umstand, dass hier ein echtes und tiefes Paarleben gesucht wird, aber nicht mit letztem Einsatz. Oder anders gesagt: Es hat sich ein Beziehungsmodell entwickelt, das tatsächlich die Freiheiten moderner Zeiten nutzt, aber es nicht schafft, diese Freiheit auch in Liebe, Nähe und Tiefe – zu verwandeln, sondern auf halbem Weg stehen bleibt bei Abstand, bei Zögern und vor allem bei der Illusion.

Das Erstaunliche an diesem Beziehungsmodell ist, dass nicht gelogen, vorgetäuscht und versteckt wird, sondern im Gegenteil alle Fakten und Sachverhalte offen auf dem Tisch liegen. Nehmen wir G. und W. aus Beispiel 3: Die erfolgreiche Journalistin weiß seit Jahren, dass der Mann an ihrer Seite mit einer anderen Frau verheiratet ist und sich bei der Wahl zwischen *Frühstück im Bett* oder *Kinder in die Schule* immer für seine Kinder entscheidet – und gegen seine angebliche Liebe. Dieser Mann versteckt und verbirgt ebenfalls gar nichts vor G., weder seine Bequemlichkeit noch seine Entscheidungsschwäche und schon gar nicht seine mangelnde Wertschätzung sowohl für G. (die er als eine Art Zweitfrau betrachtet) als auch für seine Ehefrau (der er indirekt mitteilt, dass sie ihm als Frau nicht genügt). Der entscheidende Punkt ist nun nicht, dass so eine Beziehung nicht denkbar wäre oder man sie als moralisch verwerflich ansehen müsste – man sollte der Liebe nicht mit Moral kommen, das ist ein bisschen so als würde man Wolken mit einer Straßenverkehrsordnung winken.

Entscheidend ist, dass es diesem Modell gar nicht um die Liebe geht, sondern um die Vermeidung der echten Liebesbeziehung bei gleichzeitiger Aufrechterhaltung eines Gefühls von Liebesbeziehung. Das klingt kompliziert. Und das ist es auch. Liebe light ist ein sehr anstrengendes Lebensmodell und auch ein sehr anstrengendes Liebesmodell, denn man vermeidet zwar viel von dem, was einem in der Liebe wehtut, aber man kommt auch nicht in Berührung mit der Kraft, die sie gibt.

Liebe light ist daher von außen von einer Partnerschaft oft gar nicht zu unterscheiden. Alles ist auf das gute Funktionieren ausgerichtet, die Freude ist echt, die Bemühungen auch: Liebe light-Paare haben meistens genug Geld, um es in Reisen, Restaurants, Wellnesswochenenden sowie Geschenke hier und Aufmerksamkeiten da zu investieren. Sie sind grundsätzlich tolerant und nachsichtig. „Wir lieben uns, wir achten einander, respektieren die Eigenheiten des anderen, gehen gut miteinander um, gehen dem Streit aus dem Weg" – das ist das Lebensgefühl des Liebe light-Paares.

Jeder hat „seinen Freiraum" in dieser Beziehung, der ist auch ganz wichtig, weil der Freiraum ja die Pufferzone zu Nähe und zu Verbindlichkeit und zu einer echten Entscheidung ist – und dieser Freiraum kann daher gar nicht groß genug sein.

Bei Liebe light ist jeder ist für sich selbst verantwortlich, man hat getrennte Konten, in der Regel wohnt man nicht zusammen, hat auch keine gemeinsamen Kinder und ist nicht verheiratet. Immer steht eine Fluchttür offen und immer wird darüber ein Mäntelchen gebreitet, auf dem voll Stolz steht: Wir sind erwachsene, moderne, offene Menschen. All das ist eine Art Liebe to go, ein reduziertes Verständnis von Partnerschaft, das Liebe sagt, aber vor allem Selbstschutz und nicht selten auch Bequemlichkeit meint, und echte Verbindlichkeit, konsequentes Engagement und ehrliche Hingabe vermeiden möchte, weil man sich dem Schmerz und der Entwicklungsaufgabe einer Beziehung entziehen will. Hier inszenieren zwei Liebe, weil sie eine große Sehnsucht nach ihr haben, aber auch große Angst vor Selbstaufgabe – und dann braucht man einen Spagat. Und der beste Spagat von allen, die Meisterin aller Klassen in Sachen Vereinigung von Unvereinbarem – das ist die Illusion.

Die Illusion erlaubt die Aufrechterhaltung des Scheins, nicht des Seins und damit verhindert sie wirksam jede Veränderung. Und wie jeder Autobesitzer Ihnen sofort bestätigen wird, hasst der Schein nichts so sehr wie das Kratzen am Lack. „Du, wann heiraten wir eigentlich?" oder „Wann lässt du dich scheiden?" oder auch nur „Warum schlafen wir nie bei dir?" bzw. „Wie wäre es eigentlich, wenn ich zu dir nach Berlin zöge?", sind Granaten mit Explosionsgarantie. Denn mit diesen Fragen kratzt das Paar tatsächlich am Lack der Illusion und kommt der Wahrheit nahe – und das hat die Illusion gar nicht gern. Ihre Abwehrmittel sind in der Regel Streit und Schweigen, das wütende aus dem Zimmer Stürmen oder das traurig-melancholische Andeuten des Beziehungsendes. All das ist gar nicht ehrlich so gemeint, es sind Mittel zum Zweck. Es soll nur die Auseinandersetzung vermieden werden, die Wahrheit und die Wahrhaftigkeit aufgedeckt hätte.

Fernbeziehungen sind deshalb oft ein Kennzeichen von Liebe light, es gibt dann viel „fern" und wenig „Beziehung". Die Fernbeziehung regelt von selbst den Abstand und verhindert die unerwünschte Nähe, vor allem aber gibt sie dafür auch noch eine vernünftige Erklärung, die jedes Nachdenken bzw. Nachfühlen unnötig macht. Leider, leider, aber er hat ja diesen Job in X und ich kann aus Y wirklich nicht weg. Sie können immer weg. Sie können vor allem immer hin, hin zu ihm oder ihr, dorthin, wo eben Ihr Herz wohnen will, und vielleicht können Sie es nicht heute, aber dann können Sie es morgen und allein das Ausmalen und gemeinsame Besprechen wird Ihnen die Zeit bis dahin mit Glück und Nähe füllen.

Ein Mann und eine Frau, die so leben, warten klammheimlich schon auf die nächste Beziehung und tun deshalb auch nichts für eine Lösung hier und jetzt. Sie suchen genau genommen auch nicht nach Lösung, sondern nach Erlösung – und das ist etwas ganz anderes. Ein Bestandteil der Erlösung ist nämlich, dass es sie immer nur mit einem anderen gibt, einem neuen Partner und so wenden sich die diese Paare von der Wirklichkeit ab und dem Traum und der Hoffnung und der Affäre und der Doppelgleisigkeit zu.

Trotz allem führt Liebe light oft zu sehr lang anhaltenden Beziehungen. Aber lassen Sie sich nicht täuschen: Damit versichert sich das Paar nur, was für eine wunderbare und stabile Partnerschaft es doch hat. Das ist natürlich Falschgoldalarm, denn wenn Sie Ihr Herz fragen, wird ihm Liebe light eher wie eine Gefangenschaft vorkommen oder wie ein freiwilliger Hungerstreik. Eben wie ein Singleleben zu zweit. Und das ist es im Grunde auch.

Die Lösung ist eigentlich einfach, aber einfach ist ja oft am schwersten. Wenn Sie sich in einer Liebe light wiederfinden, dann haben Sie eine ganz einfach Entscheidung zu treffen: das Zweitbeste oder das Beste. Sie müssen sich entscheiden, mehr zu wollen als Halbheiten und Pausenfüllung, mehr auch als lauwarm und Mittelding. Und wenn Sie das wirklich wollen und vielleicht sogar von ganzem Herzen brauchen, dann nehmen Sie all Ihren Mut zusammen und stellen Ihrem Partner light bzw. Ihrer Partner light – genau: ein Ultimatum.

Ein Ultimatum gehört normalerweise nicht zum Repertoire einer Beziehung, weil es in Beziehungen keine Termine oder letzten Aufrufe gibt, aber wir haben eine sehr klare Meinung, dass es sehr wohl zum Repertoire der Veränderung einer Beziehung gehört. Es ist sogar eines der wichtigsten Mittel, die ein Paar, die ein Liebender und vor allem ein entschlossenes Herz hat, um aus einer Sackgasse herauszufinden. Der Unterschied zur Erpressung ist das Motiv: Das Ultimatum dient der Entwicklung und der Klarheit, also einer Bewegung nach oben und nach vorne; und es will dabei den anderen mitnehmen und damit mit zwei Gewinnern vom Platz gehen. Das ist etwas grundsätzlich anderes als eine Erpressung, die nur den Interessen von einem verbunden ist und bereit ist, dafür den anderen zu Schaden kommen zu lassen.

Das Ultimatum setzt schlechten Dingen ein Ende und führt zu Veränderung, die Erpressung verlängert schlechte Dinge und verhindert die Veränderung. Ein Ultimatum unter Liebenden bedeutet eine sehr klare Forderung mit einem Termin und einer Reaktion:

- „Wenn wir in diesem Jahr nicht heiraten, werde ich dich verlassen."
- „Kündige diesen furchtbaren Job als Controller und werde endlich der Handwerker, der du bist. Ich gebe dir bis Weihnachten Zeit für eine Änderung. Dann trenne ich mich."
- „Ich möchte ein Kind. Ich möchte einen Mann, der mich als Mutter erleben möchte und spürt, dass ich Mutter bin. Das ist ein Teil meines Wesens. Nach dieser Reise möchte ich dazu deine Entscheidung. Wie immer sie ausfällt, ich werde sie akzeptieren."

Und dann passiert oft das, was nur das Ultimatum bewirken kann – der andere bewegt sich tatsächlich. Das Paar hat den nächsten gemeinsamen Schritt gemacht.

Wenn man seinem Wollen und Wünschen Platz gibt, dann vermeidet man auch die tragische Version dieser Geschichte – nämlich dass der andere mit einem neuen Partner plötzlich genau das unternimmt und verwirklicht, was in der Liebe light nicht möglich war. Plötzlich trifft man den Mann, der nie ein Kind wollte, mit dem Kinderwagen im Stadtpark. Dann trägt die Frau, die sich immer geweigert hatte, zu heiraten, beim Treffen doch einen Ring am Finger.

Eine praktische Anmerkung: Wenn Sie aus der Illusion herauskommen wollen, sollten Sie sich keine Illusionen machen – Liebe light wehrt sich gern. Erwarten Sie Ärger, Streit, Vorwürfe, Tränen, Drama. Wenn Sie die Komfortzone verlassen wollen, erwarten Sie Zeitspiel, Vertröstung und Schuldvorwürfe, wenn Sie Forderungen stellen.

Illusionen gehen nicht auf Zehenspitzen aus dem Zimmer und schließen die Klinken sanft hinter sich, sie reißen eher das Tischtuch herunter, lassen die Scherben splittern und knallen laut die Türe. Das hat auch etwas Gutes: Man weiß dann, dass sie weg sind. Und dann ist Platz für die Wahrheit. Und damit vielleicht sogar für die wahre Liebe.

Biss zum bitteren Ende: die Vampire

Bei diesem Partnerschaftsmodell sträuben sich die Finger fast dagegen, das Wort „Partnerschaft" zu tippen. Man muss jedem Buchstaben tatsächlich ein wenig zureden: Viel zu klar herrschen hier Aggression, Rücksichtslosigkeit und Ausbeutung vor, zu deutlich lebt hier einer emotional und oft auch materiell auf Kosten des anderen, als dass es noch viel mit dem zu tun hätte, was man unter einer Partnerschaft versteht.

Freundlich formuliert, geht bei der „Liebe der Vampire" alles ein *Bisschen* zu Gunsten des einen und zu Lasten des anderen. Wenn man Klartext liebt, dann könnte man sagen, dass ein Partner den anderen bei lebendigem Leib aussaugt, er lebt von dessen Energie, Vitalität und Substanz. Das geschieht eher selten in lauten, dramatischen Zusammenstößen, es ist meist eine ruhige, gleichmäßige und in den Alltag perfekt eingebettete Zermürbung über viele Jahre hinweg. Sie findet statt, während das Paar Kinder bekommt, ein Haus baut, Karriere macht; der äußere Schein ist so normal wie man es sich nur vorstellen kann. Aber weil es so lange dauert und so allumfassend stattfindet, ist das eben nicht die schlechte Phase, die jede Beziehung einmal hat, das ist auch nicht die unbewusste Gemeinheit oder die ungewollte Verletzung, die sich alle Liebenden immer wieder einmal antun. Nein, die „Liebe der Vampire" meint die Ausbeutung des einen durch den anderen als Prinzip und nimmt dabei die Reduzierung und Beschädigung des Partners in Kauf. Über Signale der Not und Verzweiflung wird hinweggesehen und über unübersehbare Not und echte Verzweiflung wird einfach hinweggegangen.

Das Schlimme an der „Liebe der Vampire" ist, dass der Ausbeutungsprozess nicht offen zutage tritt. Echte Gewalt ist selten, emotionale permanent. Um im Bild zu bleiben: dem Vampir klebt kein Blut an den Händen, er hat es eingesaugt. Der Biss ist dem Kuss sehr ähnlich und auch der Liebkosung und erst im letzten Moment gibt er sein verletzendes Wesen preis und verwandelt den lebendigen und vitalen Menschen buchstäblich in einen Schatten seiner selbst. Das ist die Liebe der Vampire. Und weil die Bisswunden mit bloßem Auge schwer zu erkennen sind, kommt auch selten Hilfe von außen – da muss man der Frau bzw. dem Mann schon sehr nahe stehen und einen guten Blick für die Person und die Situation haben, das haben am ehesten noch die Eltern oder Kinder.

Was uns zur Frage bringt, warum passiert, was da passiert. Der Vampir saugt zunächst einmal, weil es ihm an echter Lebendigkeit, Vitalität und Freude mangelt. Es sind im Kern schwer beschädigte Menschen, denen Lebenskraft fehlt und die ohne einen „Blutspender" an ihrer Seite zu einem blutleeren Leben verdammt wären. Das erklärt die Habgier und Entschlossenheit, mit der sie sich am anderen vergreifen, und vielfach sind Vampire so selbstgerecht, dass sie tatsächlich glauben, dass ihnen zusteht, was sie haben wollen.

Warum lassen sich aber die Partner der Vampire so einfach wegnehmen, was das Leben lebenswert macht – Gesundheit, Schönheit, Freude an den Kindern, Familienleben, Sex, Karriere und Wohlstand. Wie ist das möglich? Der Nicht-Vampir hat fast immer gelernt zu dienen und ist der festen Überzeugung, dass er ohne Nutzen, Unterwerfung und Dienstbarkeit keine Existenzberechtigung hat; ganz sicher keine Liebesberechtigung. Die Opfer der Vampire sehen daher meistens auch, was ihnen da geschieht: Dass die Kräfte schwinden, die Gesundheit angegriffen und das Konto geplündert wird; dass der andere nicht zu rühren ist und nicht zu bewegen und alle Neuanfänge und Versprechen nicht funktionieren. Aber für den Blutspender besteht die Liebe aus Aggressivität, Wort-im-Mund-Herumdrehen und dem Gefühl von tiefschwarzem Alleinsein. Der Grund, warum der Nicht-Vampir für sich oder den Blutsauger im eigenen Bett nicht sofort die Sachen packt bzw. die Scheidung einreicht, lautet: Er oder sie findet das ganz normal. Das kommt ihm bekannt vor und die emotionale Programmierung lautet: So ist es richtig. So wirst du geliebt.

Die Liebe der Vampire ist in der Mehrzahl der Fälle ein Frauenthema, sie kämpfen mehr als Männer mit dem Problem von Ohnmacht und Wehrlosigkeit gegenüber Druck, der auf sie ausgeübt wird. Das ist ein altes Erbe, es ist eine kollektive Thematik von Frauen, die allerdings individuell ausgebadet wird. Sie haben dabei nichts als Hilfe, Verständnis und wenn möglich Unterstützung verdient. Denn es ist schwer, sich aus dieser Verstrickung zu befreien und man sollte daher jede Hilfe annehmen, die sich bietet.

Das mag unter Umständen auch eine Außenbeziehung sein: Denn wenn man in einer Beziehung so in Not und dabei ohne Aussicht auf Besserung lebt wie in der Liebe der Vampire, dann muss man erst einmal einen

Akku finden, eine Energiequelle, um an Veränderung überhaupt zu denken und sich die Kraft dafür zu holen – „ein Bisschen“ jedenfalls.

Wenn Sie sich bei einem der vorgestellten Modelle wiedererkannt haben, wenn Sie gedacht haben: *Das sind wir. Das sind meine Frau und ich bzw. mein Mann und ich* – dann klappen Sie das Buch jetzt am besten einmal kurz zu. Schauen Sie ruhig ins Leere. Wenn Sie wollen, gehen Sie auch eine Runde mit dem Hund oder marschieren Sie in Ihre Lieblingskneipe und bestellen sich ein Bier. Sie können auch einfach den Fernseher anschalten oder eine CD auflegen oder sich ein Bad einlassen. Seien Sie nur einmal alleine mit sich und der Wahrheit und lassen Sie diese einfach durch sich hindurchfluten. Keine Angst, sie wird Ihnen nichts tun.
Sie wird Sie nur an den Punkt führen, wo Sie wirklich stehen – an den Punkt der Wahrheit. Sie wollen eine gute Beziehung, haben aber keine gute. Sagen Sie es einmal laut vor sich hin. „Ich habe keine gute Beziehung. Ich will aber eine gute.“ Und jetzt stehen Sie dort, wo alle Paare früher oder später stehen, vor einer Entscheidung. Sie müssen sich entscheiden, nicht länger alle Energie in die Balance Ihres Ungleichgewichts fließen zu lassen, sondern das Ungleichgewicht zu beenden. Raus aus dem Funktionieren, aus Illusion und Bequemlichkeit und rein in Herzlichkeit und Nähe, in das Echte und Schöne. Wenn Sie an diesem Punkt sind, dann nur, weil Sie auch darüber hinausgehen können.

Wollen Sie?

Dann werfen Sie dem Hund noch ein letztes Stöckchen, zahlen Sie Ihr Bier oder lassen Sie die Wanne aus. Und dann, wenn Sie mehr wollen, dann lesen Sie weiter.

Wirklich wahr?

Damit die Liebe nicht nur kommt, sondern bleibt, ist es für Paare unerlässlich zu überprüfen, wie viel vom Verliebtsein Wirklichkeit geworden ist. Wirkliche Wirklichkeit. Umgesetzte, erlebbare, fühlbare Wirklichkeit.

Denn immer, wenn wir Abstand von unserer Vision der Liebe nehmen und in der Beziehung kleiner leben und lieben als wir es könnten, füllen wir entstehende Risse schnell mit einer hochwirksamen Spachtelmasse – der Illusion. Die Illusion ist sozusagen das Moltofill für unsere bröckelnden Träume, und wenn wir nicht eines Tages alle Wände um uns herum einbrechen sehen wollen, dann müssen wir so früh wie möglich unsere Illusionen aufdecken.

Dafür gibt es ein wirksames Mittel, den „Reality Check".

Mit dem Reality Check haben Paare ein mächtiges Werkzeug in der Hand um sich aus der Illusion in die Wirklichkeit zu führen. Das mag ein bisschen dauern, nicht immer ist alles mit den Fragebögen erledigt, seien Sie also geduldig: Manchmal ist der Nebel über der Beziehung so groß und die Verteidigungslinien so festgefahren, dass nicht einmal Einigung darüber erzielt werden kann, wer wem den ersten Kuss gegeben oder den Heiratsantrag gemacht hat.

Der Aufwand lohnt sich allerdings, denn nur so kann es ein Ende des Streits geben, ob das Glas halb leer oder halb voll ist. Sie brauchen in der Partnerschaft eine konkrete und besprechbare Basis, von der aus Sie ihre Wünsche, Absprachen, Aufbrüche, Veränderungen und Pläne entwickeln können. Und das kann nur die Wirklichkeit leisten, weil nur sie Ihnen verlässlich und nachvollziehbar aufzeigt, wie viel Erfolg und Misserfolg, wie viel Fülle und wie viel Leere es in Ihrem Leben gibt.

Partner, die keine Veränderung wollen und denen der Schmerz und womöglich sogar die Benachteiligung ihres Gegenübers egal ist, scheuen übrigens diese Konfrontation mit der Wirklichkeit; manchmal wie der Teufel das Weihwasser. Da wird dann die Nase gerümpft, übellaunig mitgemacht, womöglich sogar ein Streit vom Zaun gebrochen, die Tür geknallt, die Nacht auf dem Sofa verbracht. Denn die Überprüfung der Wirklichkeit ist immer sehr konkret, sie handelt von Fakten und Tatsachen, nicht von Meinungen und Deinungen. So kommen Schieflagen ans Licht und wenn das jemand scheut, dann gibt es Widerstand.

Ordnen Sie das richtig ein: Es ist Verweigerung – oft aus Angst, manchmal sogar aus Verzweiflung. Aber der Widerstand zeigt Ihnen auch, wie nah Sie der Wahrheit gekommen sind. Nämlich, dass es zu viele Illusionen in Ihrem Leben gibt, als dass sich wirklich etwas ändern könnte.

Für den Reality Check gibt es eine kleine Gebrauchsanweisung: Machen Sie ihn zuerst alleine. Setzen Sie sich danach mit Ihrem Mann bzw. Ihrer Frau zusammen und reden Sie. Lachen, weinen, streiten, debattieren, zanken und schmunzeln Sie zusammen über Ihre beiden Ergebnislisten. Und wenn dieses Gespräch eine positive Bilanz hat, dann feiern Sie Ihre Liebe entsprechend. Gerne mit Champagner, gerne mit dem Einkauf neuer Bettwäsche und gerne mit Küssen und drei spontanen Tagen Amrum, Bodensee, Grado oder Florenz. Und wenn Ihre Wirklichkeit ernüchternd und trist aussieht, dann feiern Sie auch: Feiern Sie die Erkenntnis und die Klarheit und stoßen Sie an auf Ihren Mut, das Haus Ihrer Liebe nicht mit Moltofill zusammenzuhalten, sondern stattdessen mit Wahrheit, Substanz und Liebe zu bauen.

Der Reality Check

- ☐ Wir lachen viel miteinander.
- ☐ Wir sprechen über die schwierigen und die leichten Themen.
- ☐ Wir suchen beide das Gespräch.
- ☐ Wir kennen die Freunde und Kollegen unseres Partners.
- ☐ Wir unternehmen viel gemeinsam.
- ☐ Wir erfreuen uns an den Leidenschaften des anderen.
- ☐ Wir teilen Interessen.
- ☐ Wir inspirieren uns gegenseitig bei unseren Unternehmungen.
- ☐ Wir schenken uns immer wieder etwas.
- ☐ Wir haben guten Sex und den auch oft genug.
- ☐ Wir sind beide materiell unabhängig von unserem Partner.
- ☐ Wir kämen auch gut ohne ihn/sie zurecht.
- ☐ Wir sind beide beruflich erfolgreich.
- ☐ Wir haben offene Konten, Geld ist konkret besprochen und geklärt.
- ☐ Wir haben beide ein Lebensziel.
- ☐ Wir haben gemeinsame Visionen (Liebe/Beruf/Leben).
- ☐ Wir kennen die Vergangenheit unseres Partners gut: Beziehungen, Probleme, Erfolge, Niederlagen.
- ☐ Wir kennen die Ursprungsfamilie des Partners.
- ☐ Wir beobachten und besprechen die Einflüsse unserer Ursprungsfamilien.
- ☐ Sucht (Essen, Alkohol, Spielen, Kaufen) ist für uns beide kein Thema.
- ☐ Wir haben beide keine chronischen Krankheiten, kein Burn-out.
- ☐ Wir fördern und fordern gegenseitig einen guten Umgang mit unseren Körpern.

Bewerten Sie jede Frage mit einer Punktezahl zwischen 0 (Nein, wirklich nicht!) und 10 (Ja, das stimmt wirklich!)

Und Schnitt: über uns

„Eines Morgens habe ich dich einfach gefragt: Ob du mich rasieren würdest. Ja, nass, mit dem Pinsel und dem Schaum; und ja, mit der Klinge und dem *Bay Rum,* den ich als After Shave benutze.

Du hast dann die große weiße Jugendstilschüssel mit Wasser gefüllt und mir ein Handtuch umgelegt und du warst so aufgeregt, dass du vergessen hast, deine Brille aufzusetzen. Das muss man bei deiner Sehstärke als lebensgefährlich bezeichnen, ich habe sie also noch schnell geholt. Und dann haben wir angefangen. Im Pyjama. Mit dem Einseifen, dem Rasieren und dem Kichern dabei und dem Kuss am Schluss. Es war so schön, dass wir bis heute nicht mehr damit aufgehört haben – du hast mich im Garten rasiert und am Tag unserer Hochzeit und auf dem Balkon dieses kleinen Hotels in Sizilien und mit der Kaffeetasse in der Hand in Frankreich.

Du hast mich nie geschnitten. Das finde ich mit jeder Rasur erstaunlicher, manchmal muss ich darüber lachen und du sagst dann, du würdest eben mit dem Herzen rasieren. Ich achte allerdings auch auf die Brille."

3

LIEBESABENTEUER

Der große Hinterhalt: das Hinterzimmer

„Liebst du mich?“
„Natürlich.“

Schon bei diesem kleinen Dialog kann man mit Händen greifen, wie sie sich zu einer großen Sprechblase auftürmen, ja sich geradezu stapeln – die Hintergedanken. Hintergedanken sind die Gefühle und Meinungen, Impulse und Wahrheiten, die wir unserem Partner bzw. unserer Partnerin vorenthalten. Es sind die Dinge, die der andere nicht erfahren soll, die wir nur zur Hälfte mitteilen oder nur verfälscht weitergeben. Immer in der Meinung, das ginge den anderen nichts an, das verstünde er nicht, das könne man ihm oder ihr – zumindest jetzt – nicht einfach so sagen.

Sie kennen das? Natürlich kennen Sie das – denn jedes Paar hat Hintergedanken. Und den emotionalen Raum, in dem ein Paar seine Hintergedanken aufbewahrt, nennen wir das bzw. die „Hinterzimmer“. Es hat ja schließlich jeder eins. Das liegt daran, dass das Hinterzimmer der Wohnraum des „Ich“ ist, nicht des „Wir“. Es ist der Platz, wo es mit sich und seinen Gefühlen, seinen Gedanken und oft auch Handlungen alleine lebt und auch keine Anstalten macht, dort auszuziehen. Das „Ich“ will nicht in Beziehung leben – es versteckt sich dort vor der Beziehung. In dieser Dunkelkammer deponieren wir all die Dinge, von denen wir nicht wollen, dass sie ans Licht kommen. Das sind unsere echten und vermuteten Missetaten, unsere echten oder vermuteten Fehler und Defizite.

Das sind nicht nur die großen Geheimnisse. Also die Affäre, die dauernde Angst vor Krankheit, die verschwiegenen Spielschulden, die heimliche Schönheits-OP oder die Langeweile beim Sex. Auch nicht unser Neid auf andere Paare, der Wunsch, öfter geküsst zu werden oder weniger, die Sehnsucht, ganz anders zu leben oder zu lieben. Der Inhalt der Hintergedanken eines Paares sind zunächst die kleinen Unschärfen und Schönfärbereien, Verschweigungen und Halbwahrheiten, die unseren Alltag durchziehen.

„Wie war´s im Büro?" „Okay."
(Hintergedanke: Das interessiert dich doch überhaupt nicht.)

„Findest du mich zu dick? Ganz ehrlich." – „Aber nein, Schatz, ich mag gerne etwas mehr."
(Hintergedanke: Ich mag gern meine Ruhe. Denn ja, du bist zu dick.)

„Du, ich möchte dieses Jahr ein Weihnachten ohne Eltern." – „Klar, warum nicht ..."
(Hintergedanke: Ohne deine Eltern vielleicht, aber ich werde mit meinen Kindern ganz sicher bei meinen Eltern feiern.)

„Und dann war ich mit der Kleinen noch auf dem neuen Waldspielplatz und wir haben Eichhörnchen gefüttert und die kamen ganz nah." – Toll."
(Hintergedanke: Was ist das für ein Geschwätz? Was bist du für ein Mann?)

„Ich buche jetzt die Kreuzfahrt, ok?" – „Ok."
(Hintergedanke: Nichts ist ok. Ich hasse Kreuzfahrten, warum stimme ich zu?)

„Wo warst du so lange?" – „Ich war noch mit Eva und ihren Zwillingen auf dem Kinderspielplatz, wir haben uns zufällig getroffen."
(Hintergedanke: Ich war bummeln, aber das kann ich ja nicht sagen, weil er dann sofort glaubt, es wird Geld ausgegeben ...)

„Wollen wir ins Kino gehen, den neuen Film mit Brat Pitt anschauen?" – „Okay, wenn du willst ..."
(Hintergedanke: Ich habe eigentlich keine Lust, jetzt noch auszugehen. Oft kommt übrigens noch der Hintergedanke dazu: Merkst du das eigentlich nicht?)

Warum machen wir das? Warum sagen wir dem Mann bzw. der Frau an unserer Seite nicht einfach die Wahrheit, die reine Wahrheit und nichts als die Wahrheit? Es gibt dafür die verschiedensten Gründe und es sind alles schlechte, aber wir glauben, dass sie alle mit einem guten Grund beginnen – wir wollen uns schützen. Was immer wir da verheimlichen oder beschönigen, wir glauben nicht, dass wir es schmerzfrei aussprechen können. Wir erwarten Ärger, Streit, Sanktionen und das, das ist es uns einfach nicht wert. Also sind wir nicht offen, nicht klar – und gehen lieber ins Hinterzimmer. Dort sind wir ungestört, dort machen wir die Sachen glücklicherweise mit uns selbst aus, dort sind wir endlich einmal allein.

Sie ahnen vielleicht schon, worauf das hinausläuft – das Hinterzimmer ist nicht so sehr ein Sprengstoffdepot, obwohl es natürlich als solches dienen kann, wenn dort der Seitensprung gelagert wird oder die Gehaltsexekution und dann der Funke der Entdeckung zündet. Aber dieses Beispiel ist eher die Ausnahme, denn wie schon gesagt bewahren wir im Hinterzimmer eher die kleinen, aber häufigen Verschwiegenheiten, Halbwahrheiten und Alltagsschummeleien auf. Und sie haben eine ganz andere Wirkung auf die Beziehung, sie sorgen nämlich weniger für den großen Knall, sondern für die klammheimliche Entfremdung. Denn dass der Partner keinen Zutritt zum Hinterzimmer hat, bedeutet letztendlich nichts anderes, als dass er keinen Zutritt zu Wünschen, Gefühlen oder Interessen von Ihnen hat, die gelebt werden wollen. Ein Beispiel: Wenn Sie Ihrem Mann nicht sagen, dass Sie keineswegs bei Ihrer Freundin Eva und den Zwillingen waren, sondern einfach bummeln und dann lange im Café, die Leute anschauen, ein bisschen träumen, dann schließen Sie ihn von dieser Seite von sich aus. Ein anderes Beispiel: Wenn Sie Ihrer Frau nichts von Ihren Berufssorgen erzählen, von dem Stress, der Ihnen vielleicht gerade zu viel wird, dann sperren Sie Ihre Frau von diesem Teil Ihrer Wirklichkeit tatsächlich und vorsätzlich aus.

Was Sie nicht mitteilen, das teilen Sie auch nicht.

Und das merkt der Partner immer. Vielleicht nicht immer bewusst, aber unbewusst. Sie können sich darauf verlassen. Denn nichts merken Liebende mehr als Entfremdung, als abnehmende Nähe und dafür reichen die Antennen von Liebenden immer aus. Das ist eine wichtige Eigenschaft des Hinterzimmers: Dass an der Oberfläche alles ruhig bleibt („Er/Sie hat wieder nichts gemerkt.") Zu dieser Eigenschaft gehört auch, dass es eine Art emotionales Echolot gibt, dass jeder einzelne Hintergedanke sehr wohl registriert und aufgezeichnet wird und damit den unter der Wasseroberfläche verborgenen Teil eines Eisbergs wachsen lässt – bis alles mit einem großen Krach als Gefühl von Fremdheit und Distanz an die Oberfläche kommt.

Für die Einrichtung des Hinterzimmers gibt es zwei große Innenarchitekten:

- Wir selbst: In diesem Fall behalten wir einfach für uns, was wir nicht teilen/mitteilen wollen. Vielleicht haben wir diese Angewohnheit der Hintergedanken schon immer und auch bei anderen Menschen, vielleicht sind wir einfach nur bequem und wollen erwarteten Ärger vermeiden, vielleicht glauben wir, das jeweilige Thema gehe den anderen nichts an bzw. interessiere ihn nicht. Wie auch immer, wir beschließen in diesem Fall dass das Thema ins Hinterzimmer kommt und wollen dann darüber keine Auseinandersetzung mehr führen.
- Der Partner: Tatsächlich entstehen viele Hintergedanken aber auch, weil der Partner uns klare Sanktionen in Aussicht gestellt hat. Das muss er oder sie nicht wörtlich tun, es genügt, wenn man weiß, dass es Krach gibt, wenn ... dass er sich ärgert, wenn ... dass der andere immer total beleidigt ist, wenn ... In diesem Fall legt der Partner das Thema fest, über das nicht alles mitgeteilt wird, seine Sanktionen wollen wir vermeiden. Und da bietet das Hinterzimmer den perfekten Rückzugsort, um eine drohende Auseinandersetzung zu vermeiden.

Es ist für das Hinterzimmer ganz egal, wer es einrichtet, also. ob Sie nun selbst sich für den Hintergedanken entscheiden oder Ihnen der Hintergedanke quasi aufgezwungen wird. Das macht für den Kern der Sache keinen Unterschied: Sie schleichen sich in jedem Fall durch die Hintertüre hinaus – und zwar aus einer Auseinandersetzung. Sie wollen sich nicht nehmen lassen, was Sie für richtig halten, aber dafür einstehen und sich mit dem Mann bzw. der Frau an Ihrer Seite darüber auseinandersetzen, das wollen sie auch nicht. Und so verlassen Sie den Weg des Paares für einen Moment – und gehen Ihren Weg allein. Die Frage ist berechtigt: warum eigentlich? Denn wenn Sie jetzt einen Moment genau anschauen, was Sie da ins Hinterzimmer tragen, dann werden Sie feststellen, dass es alles Dinge sind, die Sie ausmachen und die Ihnen wichtig sind, die Sie ausleben und erleben wollen:

Sie wollen bummeln. Sie wollen keine Kreuzfahrt. Sie wollen einen schlanken Partner. Sie wollen öfter Sex. Sie wollen nicht mit den Eltern Weihnachten feiern usw. Das sind alles keine Verbrechen, nicht einmal Sünden, das ist etwas ganz anderes – das sind Sie. Und wenn Sie diesen Teil leben wollen, ausleben wollen, dann wo denn sonst, wenn nicht in Ihrer Beziehung? Und all die Annahmen, die Vermutungen, dass das eben nicht möglich sei – woher wissen Sie das eigentlich so genau?

Vielleicht will ihr Mann ja auch shoppen gehen; vielleicht gibt es erst einmal Streit, aber dann ist er Ihnen dankbar, dass Sie Weihnachten endlich einmal die Eltern ausgeladen haben und den schönsten und unangestrengtesten Heiligabend von allen feiern konnten. Und vielleicht ist Ihre Frau ja überhaupt nicht in Panik, wenn Sie Ihr von den Nöten im Büro erzählen und vielleicht hat sie auch gar nichts dagegen, wenn es öfter wilderen Sex gibt, weil sie diesen Gedanken auch schon seit ein paar Monaten hat. Wie Sie es auch drehen und wenden, Sie treffen selbst die Entscheidung, einer Auseinandersetzung aus dem Weg zu gehen und das bedeutet immer, sich nicht mit dem Partner auseinanderzusetzen. Und auf diesem Weg gibt es dann auch nicht das, was dem „auseinander setzen" immer folgt – das „zusammen finden".

Es gibt dafür übrigens einen guten Hinweis: Wenn wir verliebt sind, dann ist das Hinterzimmer abgeschafft. Dann haben wir überhaupt kein Problem, dem anderen alles zu erzählen und dieser hat auch kein Problem, sich alles anzuhören. Jedes noch so kindische oder aberwitzige oder schwierige Thema ist uns willkommen, wenn wir verliebt sind – beim großen Blick, den wir dann auf unsere Beziehung haben, gibt es kein Hinterzimmer. Wir brauchen es im Glück nicht.

E. und M. waren seit kurzem verheiratet, ein junges Paar, das gerade das erste Baby bekommen hatte. Er arbeitet als IT-Spezialist für eine Bank, sie war Architektin in einem großen Architekturbüro, bevor sie in Karenz ging. Er liebte es, nach der Arbeit mit den „Jungs", wie er sie nannte, auf ein schnelles Bier zu gehen, manchmal wurden das zwei, und manchmal war das Bier auch nicht so schnell, wie es geplant war. E. hasste beides, die Bierfahne allerdings ein bisschen mehr als die Verspätung. Als das Kind rund ein Jahr alt war, bat E. ihren Mann, auf das schnelle Bier nach der Arbeit zu verzichten. Sie bräuchte ihn abends, das Kind müsse gebadet, gefüttert und ins Bett gebracht werden, aber sie wolle diese besonderen Stunden auch mit ihm gemeinsam verbringen, das Kind werde so schnell groß.

M. konnte die Hintergedanken gar nicht so schnell sortieren, wie sie ihm durch den Kopf gingen: *Die spinnt ja wohl. Ich arbeite echt genug. Ein kleines Bierchen, das muss man sich bitte mal vorstellen! Jedes Wochenende habe ich das Kind. Echt jedes Wochenende, ist das nicht genug?* Und so weiter und so fort. M. zog sich zurück in sein Hinterzimmer – er sagte E. einfach, dass er noch in der Arbeit sei. Ein Termin hier, eine Überstunde da, er nahm „Fishermans's Friends", bevor er nach Hause ging, um den Biergeruch zu übertünchen, er nannte sie grinsend „M.'s Friends". Sie wiederum bezweifelte seine Angaben keinen Moment, sie sah, wie seine Karriere voranging, und wusste, dass sie selbst ja ebenfalls davon profitierte, von der schönen Wohnung, den Urlauben, den Coccinelle-Taschen, die sie sich leisten konnte. Aber sie ärgerte sich und sie war vor allem traurig. Es war eine unbestimmte Traurigkeit darüber, dass ihr Mann einfach nicht der Mann und der Vater war, den sie sich für sich und ihr Kind gewünscht hatte. Sie ertappte sich dabei, wie sie irgendwann mitten im Supermarkt, zwischen dem Frischobst und der Milch, erstmals die Scheidung für möglich hielt und im Kopf durchging, ob sie dafür gewappnet war – natürlich war sie es. Ihre Eltern waren vermögend und würden sie immer unterstützen, sie selbst war immer selbstständig gewesen, es war gar keine Frage, dass sie das Architekturbüro wieder einstellen würde.

Und an diesem Abend stellte sie sich auch erstmals vor den Spiegel, nahm wahr, dass sie eine attraktive Frau war, Männer drehten sich nach ihr um und das würde sie von nun an offen genießen, anstatt es schamhaft zu verdrängen. Und weil die Traurigkeit nicht wegging, begann sie, immer mehr Geld für Kinderkleidung, Spielzeug und die Wohnung auszugeben, für kleine Sofakissen und Lämpchen, für Cashmeredecken und teure französische Töpfe und nach einigen Wochen fand sie sich mit ihrem Kinderwagen genau dort wieder, wo sie nie sein wollte, bei diesen leicht melancholisch blickenden dauerkaufenden Frauen, die Trostpflastertüte um Trostpflastertüte nach Hause trugen mit der Ahnung, dass in keiner dieser hübschen Verpackungen das drin sein würde, was sie eigentlich haben wollten. Denn das gibt es nicht für Geld.

E. entwickelte einen unbestimmten Groll gegen ihren Mann, der sich zuerst in schlechter Laune, etwas später auch in schlechterem Sex bemerkbar machte. Sie versank geradezu im Kind, sie erzählte ihm fast nichts mehr von den Ereignissen des Tages, die Fotos von den ersten Schritten zeigte sie ihm noch, die von den diversen Geburtstagsfeiern und Fahrten auf dem Karussell schon nicht mehr. Nach einiger Zeit bat sie ihn, ihr doch einfach nachmittags kurz Bescheid zu geben, ob er es rechtzeitig nach Hause schaffen würde, dann könne sie immer noch den Babysitter anrufen, wenn es ihr einmal zu viel sei. M. spürte, dass er von irgendwas ausgeschlossen war, aber er wusste nicht genau wovon, und als er seinem besten Freund davon erzählte, bestätigte der ihn vehement in seinem Alleingang. Oft sei es besser, sich nicht alles zu erzählen und außerdem vergingen diese Dinge, wenn das Kind größer sei, und ansonsten – tja, die Frauen, wer versteht sie schon – prost!

M. fühlte sich im Hinterzimmer wohl und er begann, E. auch nicht mehr von den kleinen IT-Jobs zu erzählen, die er für Freunde erledigte und die bar bezahlt wurden. Es waren 200 Euro da, 300 Euro dort, er investierte sie in ihre Urlaube, aber auch in schöne Restaurants, in denen er von nun an meist allein zu Mittag aß, weil sich seine Kollegen das nicht leisten konnten. Er bestellte immer guten Wein und genoss eine kleine Zigarre nach dem Espresso. Er fühlte sich gut, weil er da für ein, zwei

Stunden auch den erfolgreichen, kultivierten Mann darstellte, für den er sich hielt, aber auch, weil diese teuren Mittagessen ihm die sehr stressigen und eigentlich immer öder werdenden Arbeitstage verschönerten. Es gab Tage, an denen er sich nur noch auf den Lunch und die Auswahl des zu seiner Stimmung passenden Restaurants konzentrierte, die er auch wegen der wohltuenden, leicht devoten Freundlichkeit mochte, mit der man ihn als Stammgast inzwischen begrüßte. Und irgendwann fiel ihm auf, dass er eigentlich ganz hübsch zugelegt hatte und dass er über den Tag verteilt eigentlich einigen Alkohol trank, aber er verscheuchte den Gedanken sofort, er machte ihn traurig, ohne dass er hätte sagen können warum.

E. beschloss eines Tages, mit dem Kind und einer Freundin alleine in Urlaub zu fahren, ein teures Ressort mit großem Verwöhnprogramm, das sie sich verdient hatte, wie sie fand. Und M. war zwei Wochen allein in einer viel zu großen Wohnung und redete sich jeden Tag ein, wie herrlich es sei, endlich einmal Ruhe und die Wohnung für sich allein zu haben. Aber Freude mochte sich nicht einstellen, und eines Abends sah er sich drei Spielfilme hintereinander an und leerte eine gute Flasche Rotwein allein und er fragte sich, was aus ihnen eigentlich geworden sei. Und er wusste nicht, dass E. im selben Moment, 1 500 km entfernt, das Märchenbuch für die gerade eingeschlafene Tochter noch in der Hand, genau dasselbe dachte. Und beide schliefen mit dem nicht wirklich beruhigenden und natürlich vollkommen falschen Gedanken ein, dass das eben so sei, wenn die Kinder kommen, sie hatten ja auch mal eine schöne Zeit und das würde schon wieder.

Bei M. und E. hat das Hinterzimmer ganze Arbeit geleistet. Es war eine Falle des „Ich", der Ausweg wäre das „Wir" gewesen. Also nicht das Voneinanderwegbewegen, sondern das Aufeinanderzubewegen, genau in dem Moment, in dem man den Ärger spürt und damit den Reflex, sich ins Hinterzimmer zurückzuziehen.

Im Fußball, Handball und Tennis gibt es den Begriff „gegen die Laufrichtung spielen": Es ist eine höchst effiziente und elegante Methode, jede Verteidigung auszuspielen, weil der Ball ganz gegen das erwartete Muster läuft. Analog dazu könnte man davon sprechen, dass auch Paare immer wieder versuchen sollten, gegen die Laufrichtung zu spielen, sozusagen in Herzrichtung. Im Fall von M. und E. könnte das wie folgt aussehen: M. erzählt seiner Frau natürlich von seiner Lust, mit den Kumpels auszugehen. Er erzählt vielleicht mit Bauchschmerzen, aber doch, dass seine Freunde und das Bier nach der Arbeit wichtig für ihn sind. Dass er nach der Arbeit nicht noch das Kind haben will. Dass er auch nicht findet, dass er das muss, sondern lieber seine Ruhe haben möchte. Auf diese Wahrheit kann E. dann reagieren, sie kann von ihrem Mutter-Vater-Kind-Wunsch erzählen, ihrer Unsicherheit und die beiden können versuchen einen Kompromiss zu finden – vielleicht so: drei Tage die Woche das Kind, zwei Tage die Freunde. Und dann können sich beide daran freuen, was sie sich alles erzählen können, und sich erst in die Arme fallen und dann ins Bett. M. sollte ihr dann auch von den Nebenjobs erzählen; und er sollte seinen Stress im Job auch nicht beim Nobelitaliener abarbeiten, sondern bei seiner Frau und er muss ihr auch davon erzählen, dass er wirklich kein Haus kaufen will, weil sie das für Jahre finanziell bindet, und er sich als Alleinverdiener davor maßlos fürchtet.

M. vermeidet bei all diesen Themen natürlich jede Auseinandersetzung mit E. und ihren Wünschen, aber er vermeidet die Auseinandersetzung vor allem mit sich selbst – er vermeidet die Frage, wie viel Vater er eigentlich sein will und zu welchen Kompromissen er bereit ist mit seinem bisherigen Leben. Er vermeidet auch die Frage, warum er das Trostpflaster der teuren Restaurantbesuche eigentlich braucht und warum ihn sein Beruf tendenziell so überfordert. Und wenn M. sehr aufmerksam ist, dann würde ihm auch auffallen, dass er generell viele sehr wichtige Dinge von seiner Frau fernhält und vielleicht bringt ihn das dann ins Grübeln und zur Ehe seiner Eltern, wo das immer so war und wo er sich das alles abgeschaut hat. Das sind die Fragen um die es wirklich gehen würde, die Auseinandersetzungen, die sorgsam im Hinterzimmer versteckt werden, anstatt bei Tageslicht Thema und Diskussion zwischen dem Paar zu sein.

E. wiederum sollte natürlich mehr beitragen, als nur zu schlucken, dass ihr Mann einfach seiner Wege geht. Sie stellt ihn nicht, sie hakt nicht nach, sie bietet ihm aber auch nichts an, das ihm die gemeinsame Zeit zu dritt schmackhaft machen könnte. Wenn sie da etwas sieht, was er nicht sieht, warum kann sie ihm das nicht vermitteln? Ihr Rückzug auf die Wertebene ist wie ein Diebstahl an sich selbst – ihren Wunsch nach einer Familie der Gemeinsamkeiten, einer Familie der Gefühle und nicht der Besitztümer muss sie vertreten, er ist eine echte Vision für alle, wieso kann sie dieses Anliegen nicht durchsetzen? Vielleicht lautet die Frage, die E. im Hinterzimmer versteckt, warum sie sich eigentlich unterordnet. Vielleicht liegt die Antwort bei ihrer Mutter, die genau das getan hat, vielleicht hat E. aber auch Verlassensängste, die so groß sind, dass sie ihr jeden Selbstwert und jede Konfliktfähigkeit nehmen – was auf Dauer eine tödliche Gefahr für das Paar wäre. Und wenn E. aufmerksam ist, dann merkt sie auch, dass sie die Beziehung sehr schnell fallen lässt, dass sie nicht weitergeht und dafür arbeitet, sondern sich lieber auf den nächsten Mann vorbereitet, der dann – ja was? Einfach besser ist? Ein Wundermann, der diese Themen durchschaut, obwohl nicht einmal E. sie durchschauen kann? Das klingt nicht wie eine gute Idee, es klingt eher nach Flucht vor den realen und konkreten Anforderungen und Notwendigkeiten der Beziehung.

Stellen wir uns für den Moment einfach einmal vor, M. und/oder E. hätten das Hinterzimmer einfach als das erkannt, was es ist – als Hinterhalt. Eine Falle, die mit dem Gefühl von Erleichterung und Schmerzlinderung lockt, aber mit Entfremdung und dem Abbau der Beziehung bezahlt werden muss und mit dem Verstecken und Verheimlichen vieler schöner Wünsche und Eigenschaften.

Stellen wir uns weiter vor, die beiden hätten es dann auch geschafft: M. hätte eines Abends einfach den Anfang gemacht, er hätte gesagt: „Schatz, hast du mal einen Moment Zeit? Können wir reden?“ Und E. hätte ihn erwartungsvoll angeblickt, sie hätten sich auf das Sofa gesetzt und M. hätte das mit dem Bier und den Kumpels erzählt. Und dann hätte E. getobt. Und geschrien. Und M. wäre dann trotzdem sitzen geblieben, obwohl ihm wirklich nach aufstehen und einer sehr wegwerfenden Handbewegung zumute gewesen wäre. E. hätte sich dann wieder beruhigt und gesagt, dass sie das alles ja auch verstehen könne und dass sie ihn nicht einengen wolle. Und dann würde sie all ihren Mut zusammennehmen und sagen, dass das aber nicht gehe: „Jeden Montag bis Freitag habe ich das Kind, Samstag und Sonntag hast du es. Ich will, dass das Kind von Montag bis Sonntag unser beider Anliegen und Erlebnis ist." Und dass er das gefälligst zu leisten habe, ein Mann und ein Vater tue das nämlich. Und M. würde finden, dass seine Frau unglaublich hübsch und aufregend aussieht, wenn sie so leidenschaftlich redet. Und er hätte ein seltsames Gefühl im Bauch, eins, das ihm sagen würde, dass er jetzt einfach einmal seiner Frau folgen sollte, Vertrauen haben möge, dass er sich nicht anstrengen müsse, dass es leicht sei und liebevoll, sich an die Hand nehmen zu lassen. Und dann würde er sagen, oder besser: Er hört sich sagen: „Gut". Und E. würde finden, dass sie einen wirklich gut aussehenden Kerl geheiratet hat. Der in diesen engen Jeans knackig aussieht. Und dann würde sie sehen, wie er das Weinglas abstellt und mit diesem Lächeln auf sie zukommt, das ihr sehr bekannt vorkommt.

Wenn das Paar jetzt zusammen bleibt und zusammen die Lösung sucht (gegen die Laufrichtung), anstatt sie alleine finden zu wollen, obwohl schmerz- und ärger- und frusttechnisch alles danach schreit, dann wird es auch etwas erleben, was einem Wunder sehr nahe kommt, jedenfalls einem kleinen – die Verwandlung des Hinterzimmers in eine Schatzkammer. Dabei geht es nicht nur um die Eigenschaften und Gedanken, die wir endlich nach vorne holen, denen wir einen Platz in unserem Leben geben, womit wir sie endlich ausleben können und zwar mit und neben unserer Frau bzw. unserem Mann, sondern vor allem um die Situationen, die diese Entwicklung zwischen dem Paar produziert. Die kleine Phantasie für M. und E. vorhin endete ja nicht zufällig im Schlafzimmer – nur Nähe produziert wirklich Nähe, und nur mehr Nähe produziert auch tatsächlich mehr Nähe. Das ist dann fast schon das Newton'sche Gesetz des Beziehungskosmos und es gilt für alle Paare dieser Welt gleichermaßen. Allein das Gefühl, alles sagen, aussprechen zu können, ist so beseelend und kräftigend, dass es fast jede Mühe wert ist – und aus dem

Sprechen heraus lassen sich dann die notwendigen Entwicklungsschritte machen.

Denken wir noch ein bisschen über M. und E. nach. Stellen wir uns kurz vor, M. sagt im Bett nachdenklich, dass er eigentlich gar keine Lust auf das Kind hatte. Dass er sich überfahren und überfordert fühlt und das Bier mit den Kumpels eine kleine Flucht vor dieser Überforderung sei. Nehmen wir dann an, dass E. eine Frau ist, die nicht schockiert aus dem Zimmer rast und ihre Mutter oder die beste Freundin anruft, sondern sich zu ihm hin dreht und sagt: „Schieß los." Und dann redet sich M. alles von der Seele. Und dass er jetzt mit 38 das Gefühl hat, verhaftet worden zu sein, und ihm alles zu viel ist und E. ja sowieso viel mehr von dem Kind hat und so sicher und kompetent und glücklich wirkt, aber er sich immer so überflüssig fühlt. Als Au-pair-Boy irgendwie.

Und E. bekommt zum ersten Mal eine Ahnung, wie sich ihr Mann tatsächlich fühlt, und nimmt ihn in den Arm und versteht, wie viel er eigentlich für das Kind und den Haushalt leistet, ohne dass das je erwähnt wird. Und dann sagt M., dass er diese idiotischen Bierabende sowieso hasst, aber einfach nur nicht nach Hause will, was schrecklich ist, weil er sich wirklich Familie wünscht. Und dann räumen die beiden in ihren Hinterzimmern auf und finden Lösungen und machen ihr ureigenstes Familienleben daraus.

Sie können die Möbelpacker für das Hinterzimmer holen, wann immer Sie wollen. Stellen Sie sich vor, M. sagt E. endlich einmal die Meinung über ihre Geldverschwendung und das Leben ohne Sex. Dann kracht es vielleicht, aber beide gehen nicht voneinander weg und finden heraus, was bei E. wirklich weh tut: Der Schmerz über den abwesenden Mann und das Gefühl, quasi alleinerziehende Mutter zu sein. Und E. gibt zu, dass sie dafür einfach Trostpflaster braucht, weil das so schrecklich ist, weil das genau die Geschichte ihrer Mutter war, die der Vater dann eines Tages einfach sitzenließ. Und dann erzählt M. von seinen Trostpflastern, den Restaurants und den Zigarren und den Wein. Und dann wird beiden erst elend und dann warm ums Herz und sie finden bei einem

Spaziergang eine ganz neue Lösung: M. macht sich selbstständig. Die vielen Aufträge erlauben längst eine kleine eigene Firma. Das ermöglicht ihm auch eine viel bessere Aufteilung der Betreuungszeit für die Tochter und vor allem mehr gemeinsame, alltägliche Unternehmungen zu dritt. Und weil ihm dieser Schritt wirklich alles abverlangt, was er an Mut hat, nimmt E. das Angebot des Architekturbüros an, drei Tage die Woche halbtags zu arbeiten. Damit nimmt M.s Existenzangst ab, die beiden sind die Familie, die sie wirklich sein wollten, freier, größer und vor allem großartiger, als es das Hinterzimmer je zugelassen hätte.

Sie machen am Ende die Erfahrung, die man bei jeder Auseinandersetzung machen kann: Die „Auseinander-Setzung" hat ein Pendant – es ist das „Zusammen-Kommen". In der Liebe wird aus dem einen immer das andere. Hintergedanken sind ein Hinterhalt – aber wenn wir unsere Hintergedanken nach vorne holen und aus ihnen echte Vorhaben machen, dann sind sie fast unfehlbare Wegweiser zu Vertrautheit und einem gemeinsamen Glück.

Das Hinterzimmer hat übrigens eine kleine elektronische Zweigstelle, das ist das Handy. Paare, die lieber mit dem Handy hantieren, als sich mit der neben ihm bzw. ihr stehenden Person aus Fleisch und Blut auseinanderzusetzen, sind natürlich unhöflich zueinander, wahrscheinlich auch gelangweilt voneinander, aber vor allem sind sie nicht zusammen. Die meistübersehene Eigenschaft von Handys und allen anderen mobilen Geräten ist die Tatsache, dass sie als mentale Beamer funktionieren – sie erlauben dem Nutzer, die Welt, in der er sich gerade befindet, und die Menschen, die gerade um ihn herum sind, nicht wahrzunehmen und sich von ihnen zu distanzieren. Handynutzer sind vor allem *Wirklichkeitsflüchtlinge*, sie verschwinden ein Stück weit aus der Welt, die sie umgibt, und können zur Person neben sich sagen: „Verschwinde", ohne es aussprechen zu müssen.

In die Handys dieser Welt werden jede Menge Hintergedanken getippt – lassen Sie es. Und dann legen Sie es weg. Einfach einmal einen ganzen Tag. Dann einen ganzen Urlaub. Ein Mobiltelefon ist klein, es gehen daher immer nur kleine Dinge, unwichtige und belanglose hinein und hinaus. Das Handy ist niemals so spannend, witzig und sexy wie der Mensch neben Ihnen. Und wenn doch, dann ist Ihr Problem sowieso erheblich größer als das Handy.

E. und M. sind ein gutes Beispiel dafür, wie groß das Hinterzimmer ist. Im Grunde ist es eine unterirdische Bunkeranlage, die sich unter unseren Füßen ausbreitet und an E. und M. lässt sich auch erkennen, wer die Bewohner sind – die Gesamtheit unserer aus der Welt abgezogenen, dressierten Gefühle. Sie erinnern sich: Für das Paar ging es vordergründig um M.s Bier mit den Kumpels, aber hintergründig, also unter Einbeziehung des Hinterzimmers, ging es um sein Gefühl, dass ihn diese Ehe und vor allem dieses Kind überfordert. Solange das Paar also nur über das Bier spricht, wird es aneinander vorbeireden.

Wir alle gehen ins Hinterzimmer, wenn wir mit der realen Welt, mit der wirklichen Wirklichkeit nicht zurechtkommen. Und da vor allem, wenn wir mit den Gefühlen überfordert sind. Das haben wir ja als Kind so gelernt, wir mussten uns beruhigen, die Gefühle dressieren, wenn diese mehr Kraft hatten als wir. Dieses Verhalten war in der Kindheit notwendig, denn da waren wir überfordert und häufig von den aufkommenden Gefühlen überwältigt.

Wir gehen auch als Erwachsene in unser Hinterzimmer, um uns zu beruhigen. Wann immer wir uns von der „großen Welt da draußen“ mit all ihren emotionalen Anforderungen an uns überwältigt fühlen, flüchten wir, wie wir es schon als Kind getan haben. Was wir nicht merken, ist, dass wir keine Kinder mehr sind und uns ein Mensch an die Seite gestellt wurde, der mit uns die Gefühlswelt teilen und dadurch aushaltbar machen kann. Reflexartig aber ziehen wir uns zurück, so wie wir es früher getan haben.

Die Liebe zeichnet sich dadurch aus, dass sie diesen verborgenen Gefühlen eine Brücke baut – und das geht nur mit dem Herzen. Denn wir kommen mit unseren Gefühlen nur heraus, wenn wir das vorfinden, was wir früher nicht angetroffen haben: echte Neugier, echtes Wollen, echtes Mitgefühl; Unterstützung und Erklärung. Wenn wir erwachsen sind, wollen wir unsere Gefühle leben, wollen von ganzem Herzen, dass wieder die Gefühle unser Leben bestimmen. Wer an das Leben glaubt, ist nicht gerne im Hinterzimmer. Insgeheim warten wir alle darauf, von einem echt liebenden Mann bzw. einer echt liebenden Frau von dort rausgeholt zu werden.

„Echt" ist übrigens ein zentrales Wort für die Liebe: Partnerschaften sind immer Orte des Echten. Es ist eine ihrer besten Eigenschaften, dass alles Vorgetäuschte, Gebogene und Halbe, sei es halbherzig, halb wahr oder halb gut, keinen Platz mehr hat. Die Liebe hat kein Interesse am Halben, sondern immer am Ganzen und dieser Teil der Liebe ist im berühmten Kugelgleichnis von Platon vielleicht auf die schönste Art beschrieben worden, die sich denken lässt: Am Anfang aller Zeiten waren die Menschen makellose Kugeln, die zur Hälfte aus Mann und zur Hälfte aus Frau bestanden. Man konnte keinen Anfang und keine Ende sehen und ihr Wesen war vollständig und keiner Kugel fehlte etwas. Dieses Glück erzürnte die Götter so sehr, dass sie jede einzelne Kugel mit einem Blitz in zwei Hälften zerschlugen Seither sind Mann und Frau Halbkugeln, die ihre verlorene Hälfte suchen, mit der buchstäblich alles wieder ins Rollen kommen würde – das Lieben und das Leben und alles, was dazugehört und das Glück ausmacht.

Oh, werden Sie jetzt wahrscheinlich sagen, ich will auch wieder ganz werden. Und das mit dem Hinterzimmer ist wirklich ein sehr gutes Konzept. Sehr überzeugend. Komm Schatz, reden wir über dein Hinterzimmer! Und kaum haben Sie das ausgesprochen, werden Sie eine Überraschung erleben – Ihr Partner bzw. Ihre Partnerin wird das Hinterzimmer verteidigen. Und zwar so vehement, wie Sie es sich nicht vorstellen können. Dieses Zimmer wird nach seiner Entdeckung zu einer Festung ausgebaut werden, der Zugang wird verweigert oder nur zu den eher unbedeutenden Teilen gewährt werden („Stimmt, ich habe gestern das Hotel für das Pfingstwochenende allein gebucht, sorry.")

De facto ist es so, dass Sie auch in einer wirklich wohlmeinenden Partnerschaft nicht leicht Zutritt zum Hinterzimmer bekommen werden. Wenn Sie dann beschließen, den Raum erobern zu wollen, werden Sie auf eine Bastion treffen – weil der Partner diesen Raum so sehr verteidigt, dass er in der Regel auch mit Trennung droht. Das ist eine essentielle Einsicht: Sie können das Hinterzimmer Ihres Mannes bzw. Ihrer Frau nicht erobern, Sie sollten es auch nicht versuchen. Denn dort liegt die Erinnerung an das ganze Leid, das ganze Entsetzen und den ganzen Schmerz der Kindheit verborgen. Und die Angst vor den Erinnerungen an diese Erfahrungen lässt uns erwarten, dass dieses Leid und dieser Schmerz wieder aufkommen werden, wenn sich jemand auf Rufweite nähert. Wenn auch nur Schritte zu hören sind, verriegeln die Bewohner des Hinterzimmers jeden Eingang und jede Ritze mit allem, was sie haben.

Das Gefühl, das Sie als Partnerin bzw. Partner dagegensetzen müssen, ist Verständnis: Hier wehrt sich jemand aus Not; und zwar aus großer Not. Unser niedriger Liebeswert ist eine Pein, die wir alle teilen, und die zu verstehen, zu behandeln und zu verwandeln wir alle gerade erst beginnen. Niemand ist hier jemandem überlegen. Das Hinterzimmer ist für jedes Paar nun der Ort der Entscheidung: Von hier geht das Paar entweder weiter in Richtung Gemeinsamkeit oder es bleibt jeder für sich.

Wenn ein Paar die wirkliche Liebe, die echte Nähe will, so ist die Räumung der Hinterzimmer eine Bedingung. Es geht nicht anders. Es ist eine Entscheidung gefordert, nämlich das Bekenntnis zur Öffnung. Manchmal genügt dafür ein Tag, oft auch nur ein einziger, mutiger Moment, manchmal dauert es länger, dann ist es ein Prozess der Annäherung und der wiederholte Versuch, dem Partner immer mehr und mehr von den inneren Vorgängen zu offenbaren. Sind die Erfahrungen positiv, gewinnen wir immer mehr und mehr Vertrauen und langsam, aber selig machend, entsteht immer mehr Nähe. Das Hinterzimmer, die Hintergedanken und all die verschwiegenen Aktionen werden dann weniger, bis sie am Ende fast lautlos aus dem Paarleben verschwunden sind.

Was dafür einzieht, ist innere Ruhe, Liebe sowie eine herztiefe Dankbarkeit für den anderen. Ohne die Öffnung des Hinterzimmers kann das Paar nur versuchen, sich auf die schönen Seiten des Lebens zu konzentrieren und den Funktionsmodus zu kultivieren. Probleme werden dann so gut wie möglich gemeinsam gelöst und die Abwesenheit von Problemen gilt dann schon als Glück. Jeder richtet sich dann das Hinterzimmer so gut ein, wie es nur geht. Aber zwei Einzelzimmer ergeben niemals ein Doppelzimmer.

Es ist vielleicht eine der tröstlichsten Ideen der Liebe, dass wir für ein neues Lieben nicht unbedingt einen neuen Mann bzw. eine neue Frau brauchen: Partnerschaften können sich ändern, geradezu dramatisch und Liebende können gemeinsam jede Mauer zwischen sich niederreißen. Was da möglich ist, wird meist in jeder Beziehung unterschätzt: Wenn Sie einen neuen Mann bzw. eine neue Frau suchen, beginnen Sie diese Suche immer bei Ihrem derzeitigen Mann bzw. Ihrer derzeitigen Frau. Denn es könnte sein, dass Ihr neuer Partner der alte ist – aber neu denkend, handelnd, fühlend.

Beim Hinterzimmer ist es wie bei allen Veränderungen: Das Paar teilt sich – und zwar in eine Partei, die Veränderung möchte, und eine Partei, die gerne hätte, dass alles so bleibt wie es ist. Es ist erstaunlich, wie sehr dieses Schema Bestand hat, es greift über alle Altersschichten, Berufsgruppen, Vielstreiter und Harmoniesüchtige hinweg. Einer sucht Neuland und macht sich auf den Weg, einer findet Altland ganz wunderbar und bewegt sich keinen Meter. Es gibt bei der Öffnung des Hinterzimmers zwei Formen und sie unterscheiden sich fundamental in ihrem Erscheinungsbild, aber sie teilen den Grund und das Ziel – die Sehnsucht nach mehr Leben und mehr Liebe. Die beiden Formen sind:

- Rütteln: Hier hat einer der Liebenden sein Herz offen und kann die Enge und die Not spüren, in der das Paar steckt. Er weigert sich, die Augen vor den Problemen zu verschließen, und sieht oftmals auch das Unheil kommen, das in den meisten Fällen auch tatsächlich eintrifft. Er pocht dann auf Aussprache und Veränderung, trifft aber auf einen Bremser, der das alles ganz anders sieht, ganz anders lösen würde und generell dafür ist, dass sich möglichst wenig verändert – schon gar nicht er/sie selbst.

- Explodieren: Hier fährt einer der Liebenden tatsächlich das Leben des Paares an die Wand – und schafft damit Tatsachen, die ein Weitermachen wie bisher unmöglich machen. Beliebte „Dynamitstangen" sind Affären, Geldnot, Krankheit oder Suchtverhalten, die nur zu dem Zweck gezündet werden, um den Ausstieg aus dem falschen Leben und den Umstieg in das richtige Leben herbeizuführen. Und wie bei jeder Explosion reagieren die Umstehenden darauf mit Flucht oder Hilfsbereitschaft.

Rüttler und Bremser

Bei diesem Modell teilt sich das Paar in einen „Rüttler", der auf dem Weg auf die Herzebene vorangeht und einen „Bremser", der diesen Weg nicht sieht, scheinbar nicht braucht und auch nicht mitgehen möchte. Es ist von beiden Modellen das äußerlich ruhigere, denn es ist nur möglich bei einem Paar, das

- sich noch relativ nah steht, jedenfalls so nahe, dass es seine Meinungsunterschiede noch austauscht
- noch eine intakte Funktionsebene hat, also keine akute sachliche Krise wie Krankheit, Seitensprung, finanzielle Not etc. zu bewältigen hat.

Man könnte den „Rüttler" auch als „Herzbeauftragten" bezeichnen, denn im Kern geht es immer darum, die bestehende Beziehung mit Herz und Herzlichkeit aufzuladen und zu erweitern. Das ist wichtig: Für den neuen Carport oder ein Chanel-Kostüm oder diese tolle Uhr tritt der Rüttler nicht an. Er meint mehr Zeit zusammen, ein echtes Familienleben, guten und reichlichen Sex, Neusortierung des Berufslebens, Spannung und Erlebnisse, also in Summe ein neues Niveau an Liebe und Partnerschaft. Das ist deshalb so wichtig zu betonen, weil die Denunzierung des Rüttlers zu den wichtigsten Verteidigungsstrategien des Bremsers gehört: *„Übertrieben.“*, *„Immer bist du unzufrieden.“*, *„Wir haben doch alles, warum bist du so undankbar?“*, lauten die üblichen Geschosse, die dann zurückgefeuert werden. Machen Sie sich keine Illusionen: Der Bremser meint es ernst, er spürt oft noch vor dem Rüttler, dass hier eine Frage auf Leben und Tod, der Beziehung nämlich, ausgefochten wird. Der Rüttler wird als Krachmacher, Störer und Nervensäge heruntergemacht, unterstellte Gefühlsduselei ist jedenfalls das Mindeste. *„Schatz, lass uns doch erst einmal, natürlich verstehe ich dich, aber …“* Der Gipfel ist erreicht, wenn das Angebot kommt, das Gewünschte doch im Alter zu machen, wenn die Kinder aus dem Haus sind und die Firma sicher steht, wenn Zeit da ist und überhaupt alles viel besser. *„Dann bin ich ganz für dich da und dann reisen wir, wohin du willst.“* Dass die Kinder dann Anfang dreißig sind und man selbst eher den Rollator als einen Rimowa-Koffer schiebt – geschenkt.

Der Rüttler muss sich seiner Sache, d. h. seiner Gefühle schon sehr sicher sein, um diesem Gegenwind standhalten zu können. Es ist ein relativ einsamer Kampf, den ein mutiges Herz da kämpft, denn oft sind sich auch die Nachbarn, die Freunde, die Eltern einig – alles funktioniert doch so gut. *„Meine Güte, was treibt dich denn?“*, *„In einem Boot schaukelt man nicht!“*

Und der Rüttler, der hier all seinen Mut zusammennimmt, blickt dabei immer auch in den Abgrund, dass sich der andere, für den man ja mitkämpft und mit dem man dieses neue Leben unbedingt verbringen will, dass sich dieser andere entzieht, dass er sein Herz verschlossen hält und den Sprung nicht schafft und klein bleiben möchte, und die ganze Liebesmüh‘, um dieses schöne Wort einmal zu verwenden, sich als vergeblich erweisen könnte. Der Rüttler muss seinen Mut zusammennehmen und das gelingt ihm nicht immer und so kommt es manchmal zu ganz ungeeigneten und missverständlichen Formen des Rüttelns, die nicht leicht als der Liebesdienst zu erkennen sind, den sie eigentlich darstellen:

- Fremdgehen
- Psychosomatik
- ewiges Nörgeln
- ständig Streit
- Missachtung aller äußerlichen Erfolge (weil ja das Innere gesucht wird)
- permanente Forderung nach gemeinsamer Therapie und Beratung etc.

Es sei deshalb hier klar ausgesprochen, dass der Rüttler ein Segen für jede Beziehung ist. Er will immer die Beziehung verbessern, nicht sein Leben. Da geht eine Frau oder ein Mann tapfer voran. Für zwei. Und die einzige angemessene Antwort darauf wäre:

„Danke. Du bist mutig. Nimm mich mit in deine Welt, ich sehe sie nicht, aber ich sehe, wie sehr du sie willst und das reicht mir. Ich liebe dich.“

Der Bremser weiß, worum es geht, er ist nicht ahnungslos. Er kann das Gewollte sehr wohl verstehen, deswegen wehrt er sich auch so. Wenn Druck, Liebesentzug, Sexstopp etc. den Rüttler nicht stoppen, dann wird der Bremser es mit seiner Art von Verständnis versuchen: Er wird Wertschätzung mobilisieren, er wird sagen: *„Bitte mach doch. Willst du ein Auto? Sollen wir mal wegfahren, nur wir ganz allein?“* Es gibt ein schönes Bonmot, das sagt: Alles, was in einem Satz vor dem „aber“ steht, ist gelogen – hier passt es wie selten sonst. Wirkliche Veränderungen wird der Bremser nämlich nicht anbieten, er wird nicht mit dem Trinken aufhören, nicht den Sex ändern, seinen auszehrenden, langweiligen und sinnfreien Beruf nicht wechseln, er wird die Kinder nicht anders behandeln und seine Rolle als Mutter oder Vater nicht hinterfragen. Er wird sich den Ansprüchen des Rüttlers immer entziehen: Die Arbeit forcieren, Marathon laufen, einen Job im Ausland annehmen und generell einen Drang zum Solo entwickeln und damit den Rüttler immer weiter aufrütteln, der das Gefühl hat, einen Fisch mit den Händen fangen zu wollen: Jedes Mal, wenn man ihm näher kommt, entfernt er sich wieder und selbst wenn man ihn dann hat, flutscht er einem durch die Hände.

Tatsache ist: Ein Weg endet an einer Gabelung und sind dann zwei Wege. In der Realität zieht sich dieser Prozess über lange Zeit, es sind meist Monate und nicht selten Jahre. Und dazu muss der Rüttler folgendes wissen:

- Wer rüttelt, hat Recht. Das Herz lügt nicht.
- Wer bremst, hat Angst. Und die Angst vertreibt die Liebe.

Das Verhältnis von Rüttler versus Bremser ist das Verhältnis von Herzwunsch versus Funktionswunsch. Da ist kein Konsens denkbar, es ist die Situation von Raupe oder Schmetterling. Wer fliegen will, muss sich entpuppen. Und wenn einer das sieht und der andere nicht, dann ist Vorfliegen, langsam fliegen, nebeneinander fliegen, mit Raupenresten fliegen oder auch ganz vorsichtig fliegen eine gute Idee – aber Raupe bleiben, ist es nicht. Dazu kommt, dass der Bremser sich in aller Regel zunehmend unbeeindruckt von den Ansprüchen des Rüttlers zeigt. *„Hatten wir doch schon.“*, *„Ich dachte, das wäre geklärt, Liebling.“*, *„Bitte verschone mich.“* Der Bremser will die Entscheidung zu mehr Herz nicht treffen, und damit kommen wir wieder zu einem Beispiel für die Notwendigkeit eines Ultimatums. Der Rüttler muss nach angemessener Zeit für Klarheit sorgen, er muss sich vor der Zurückweisung schützen und er muss seiner Fürsorgepflicht für sein Herz nachkommen. Das Ultimatum stellt diese Klarheit her, ganz egal ob es ein zeitliches oder ein inhaltliches Ultimatum ist: *„Fühlst du, dass es gut ist, was ich da möchte, stehst du an meiner Seite, lässt du dich führen? Entscheide dich.“*

Knall und Fall

Viele Paare suchen den Ausstieg aus dem falschen Leben und den Einstieg in das richtige Leben auf andere Art – einer der Liebenden setzt ein Signal, das die Fortsetzung des bisherigen Lebens unmöglich macht.

- R. war erfolgreicher Winzer, mit B. verheiratet, zusammen hatten sie zwei wunderbare Kinder. B. wusste, wie sehr er sie liebte, aber was sie nicht wusste, war, wie hoch seine Steuerschulden inzwischen waren und wie viele Hypotheken er auf die Weinberge gehäuft hatte, sie hatte sich auch nie dafür interessiert. Sie mussten fast den gesamten Besitz verkaufen.

- L. und G. waren ein Paar, seit sie in der Volksschule waren, sie machten dieselbe Lehre beim selben Lehrbetrieb, zogen mit 20 zusammen und heirateten mit 21 – übrigens gegen den Willen der Eltern, die beide das waren, was man 68er nennt und dieser altmodischen Romantik sehr skeptisch gegenüberstanden. An ihrem 20. Hochzeitstag wurde sie schwanger – ausgerechnet von seinem besten Freund und bekam neun Monate später Zwillinge.
- C. und E. feierten immer nur imaginäre Hochzeitstage – denn sie waren beide mit anderen Partnern verheiratet, hatten mit diesen Kindern und dachten auch gar nicht an Trennung. Und das über 12 Jahre lang. Sie hielten sich trotzdem für die große Liebe und pflegten ihr Parallelleben als eine Art romantisches Martyrium, selbsterklärte Königskinder, die sich eben vor der Welt verstecken müssten. Jedes Jahr versprachen sie sich eine Scheidung, die nie kam – bis eines Tages die Frau von C. um Trennung bat; sie hatte ihre große Liebe kennengelernt und sich entschlossen, diese zu leben.

Was das zweite Modell kennzeichnet ist der Umstand, dass hier vollendete Tatsachen geschaffen werden. Hier rüttelt auch einer – aber mit einem Erdbeben. Da zieht einer dem Paar den Teppich weg, auf dem es bisher steht, arbeitet, liebt und lebt und in der Sicht des Erdbebenopfers wird es vor vollendete Tatsachen gestellt. Das ist auch der Grund, warum in den allermeisten Fällen ein Vorwurf erhoben wird, meistens ein bitterer: *„Wie konntest du nur?“ – „Das ist nicht dein Ernst.“ – „Ich/Kinder/Ruf/Firma/ Familie sind dir wohl völlig egal.“*

Das ist selten die Wahrheit. Die ganze schon gar nicht. Nehmen wir das erste Beispiel, der Winzer, der den Hof der Familie aufs Spiel setzt – warum sieht das seine Frau nicht? Wie kann ihr entgehen, dass sie und die Familie auf Sand stehen? Und ist sich ein Paar wirklich nah, wenn der Partnerin die Sorgenfalten des Partners entgehen, seine Überforderung, all die Nebengeräusche, die normalerweise mit so einer fundamentalen Stresssituation einhergehen: Reizbarkeit, Trinken, sexuelle Unlust, Geheimnistuerei mit Post und Mails. Nichts bemerkt? Wirklich? Keine Gefühle, keine Ahnungen? Die Wahrheit ist, dass auch das Erdbeben immer von beiden gemacht wird und sich da zwei aus den Händen geglitten sind und aus den Herzen auch.

Denn in jedem Fall gilt, dass auch hier einer nicht die Zerstörung und den Absturz will, auch der „Chaot" will ja nicht das Chaos – da will einer bzw. eine mehr Beziehung, mehr Partnerschaft und mehr Liebe im Leben. Die Absicht ist immer: Ich kann fühlen, dass dieses Leben falsch ist und ich kann auch fühlen, dass es ein richtiges Leben für uns beide gibt. Es ist ein bisschen so wie bei der Landung des griechischen Heeres vor Troja – als Odysseus sieht, wie mächtig die Mauern Trojas stehen und wie gewaltig die Streitkraft ist, die der Stadt zur Verfügung steht, da wird ihm sofort bewusst, dass es ein langer Krieg werden wird – und er lässt noch in der ersten Nacht alle griechischen Schiffe niederbrennen. Diese Schlacht ist nur zu gewinnen, wenn Aufgeben, Rückfahrt, ja auch nur der Gedanke an eine Rückkehr für alle unmöglich ist.

Es ist also passiert: Das bisherige Leben des Paares ist vorbei, das Geld/der Partner/die Gesundheit/die Sicherheit/sind weg – und nun? Es ist die Situation, die in Filmen oft am Küchentisch spielt: Nach Schreien und Schlagen, Toben und Rasen sitzen Mann und Frau erschöpft am Tisch und blicken sich an. Meistens sind ihnen zu diesem Zeitpunkt die Worte ausgegangen, sie blicken sich nur noch an. Sie versuchen dann eine Zukunft zu sehen und manchmal ahnt man, dass es der erste ehrliche Moment der Beziehung sein könnte, dass da beide sozusagen aus ihren Hinterzimmern getreten sind, denen der Tornado das Dach weggepustet hat und jetzt stehen beide vor ihrer jeweiligen Tür und schauen sich erstmals richtig lang und echt und tief an.

Und das ist der Moment der Entscheidung: Jetzt läuft einer entweder so schnell es geht weg, ist entsetzt und packt seine Sachen, die Kinder, alle Zukunft ein und lässt dieses Leben hinter sich. Die Winzerfrau beispielsweise wies jede Verantwortung von sich, schlüpfte in die rostfreie Rüstung der Opferrolle und zog zu ihrer Familie zurück. Am oben erwähnten Küchentisch passiert allerdings oft auch etwas anderes: Der Blick ist irgendwann zu Ende und dann greift plötzlich eine Hand nach der anderen, die andere fasst sofort zu und beide lächeln vielleicht und fallen sich in die Arme und dann beginnen sie zu reden, wie ein Wasserfall wird dann gesprochen, weil ja zwei Hinterzimmer von allem Mobiliar und allen Fotos und allen Einrichtungsgegenständen leergeräumt werden. Beide erzählen sich dann einmal ihre wirklich tiefen Themen, der Winzer beispielsweise von seinem Druck, den dieses Thema Familienhof auf ihn ausübt, dass er genaugenommen diesen Hof niemals haben wollte und es einfach nicht fertigbrachte, das seinen Eltern zu sagen und dass er längst krank sei davon und den Tag ohne Alkohol auch gar nicht mehr überstehen würde, aber bei einem Winzer, fällt das niemandem auf, da ist das Arbeit. Er erzählt, dass er immer wegwollte in eine andere Stadt, aber dass er sie auch nicht enttäuschen wollte, er wusste ja, wie gerne sie die strahlende Frau des ersten Winzers am Platz war und wie sehr sie den Hof und die Weinberge und die Natur liebte. Und dann könnte die Winzerin erzählen:

Von ihrer Eitelkeit und der Freude am Status und dem Neid ihrer Schwester, die immer als die Schönere galt und die Witzigere und die sie endlich einmal ausstechen konnte, zum ersten Mal in ihrem Leben und das war einfach so wichtig und im Nachhinein schüttelt sie natürlich den Kopf. *„Und glaubst du, dass wir vielleicht einfach neu anfangen könnten?" „Ja, das glaube ich und wie viel Schulden sind es denn genau?" „Du meine Güte, das ist eine Menge, aber wir sind ja auch noch jung. Und weißt du eigentlich, wie gut du aussiehst? Wir schaffen das, du bist mein Mann." „Ja, und du bist meine Frau."*

In dieser Situation der Entscheidung werden wahrscheinlich die meisten sinnlosen Trennungen beschlossen: Natürlich haben wir die Möglichkeit, uns vor der Offenbarung unseres persönlichen Chaos aus der Beziehung zu stehlen und die peinliche Situation gegenüber unserem Partner zu vertuschen. Wir sagen einfach, es ist uns zu viel, wo doch die Wahrheit wäre, dass wir zu wenig gegen das tun, was die Partnerschaft belastet. Vielleicht denken wir dann noch, dass ja alles nicht passiert wäre, hätten wir eine andere Frau/einen anderen Mann an der Seite gehabt. Wir gehen dann, bevor unser persönlicher Mangel sichtbar wird. Und genau das tun viele Menschen: Sie steigen aus der Partnerschaft aus, anstatt in ihr weiterzugehen. Das ist Flucht, ein kindlicher Ausbruch; Verantwortung ist es nicht und Liebe natürlich schon gar nicht, denn man nimmt ja das gesamte Hinterzimmer wieder mit. Und oft halten wir das Hineinkommen in diese Situation für das Versagen unserer Liebe, anstatt zu erkennen, dass es ein Wachstumsversuch der Liebe ist.

„Ich will mehr Nähe. Ich habe eine Affäre und kann dir sagen warum. Ich habe meinen Job verloren. Ich will ein Kind. Ich will kein Kind.“, sind schmerzhafte Offenbarungen, die etwas beenden – aber nicht unbedingt die Liebe, eher das falsche Leben. Was so möglich wird, ist ja unendlich viel wichtiger – das richtige Leben. Damit sind beide Modelle in ihrer Form unterschiedlich, aber in ihrem Wesen sind sie gleich: Einer lässt die Beziehung platzen, aus keinem anderen Grund als aus Liebe. Entweder rüttelt er an den Stäben, die das Paar bisher gefangen halten, oder er reißt gleich die Fassade ein. Die Aufgabe ist dieselbe, nämlich das Herbeiführen einer Entscheidung – wollen wir die wahre Liebe? Erweitern wir unsere Funktionsebene um die Herzebene?

Es ist eine Frage – und wie lautet die Antwort?

Mein Liebeswert, dein Liebeswert

Wie kommt jetzt die Liebe in das Leben und zwar in das ganz konkrete Leben? Wie kommt es zwischen Weckerklingeln, Einkaufslisten, Kinderkrankheiten, Arzttermine, Urlaubsplanung, Weihnachtsgeschenke, Müdigkeit und Kontoauszüge? Und wie kommt die Liebe womöglich wieder ins Leben, nachdem sie schon einmal da war? Das können alle Beteiligten bezeugen, aber sie ist doch irgendwie und irgendwo verloren gegangen, ohne dass jemand sagen könnte, wohin und warum und schon gar nicht wie.

In diesem Kapitel wird es darum gehen, wie Sie und Ihr Mann bzw. Ihre Frau auf einer neuen, noch nicht gekannten Ebene in Liebe zusammenleben können. Nicht nur so ein bisschen "liebelnd", sondern so, wie die Liebe gemeint ist – groß und großartig und mit einem langen Atem versehen, womöglich sogar für ein ganzes Leben. Denn die Liebe mag keine Kompromisse, sie macht auch keine Sie ist der Spatz und die Hand und die Taube und mit ziemlicher Wahrscheinlichkeit auch noch das Dach.

Es wird hier nicht darum gehen, eine kleine oder mittelgroße Zeiteinheit Liebe herbeizucoachen, und es geht auch nicht um das Erlernen von Handlungsmustern, mit denen Sie das Verhalten von Liebenden täuschend echt nachahmen können. Die Liebe fließt, und zwar breit und automatisch und leicht. Wenn sie das nicht tut, dann geht es für ein Paar darum, die Schraube zu öffnen, die diesen Fluss verhindert: den Liebeswert. Denn die Liebe kommt vom Liebeswert. Erinnern Sie sich? Der Liebeswert ist die „Software", nach der wir unser Lieben gestalten. Praktisch alle Gefühle, Handlungen und Entscheidungen zum Thema Männer bzw. Frauen werden von unserem persönlichen Liebeswert bestimmt. Das betrifft direkte Liebesthemen, also die Wahl unseres Partners, die Beziehungsformen oder die Frage, ob geheiratet wird oder nicht, aber auch die nur indirekt dazugehörenden Bereiche. Das betrifft beispielsweise unsere Kleidung – wenn wir mausgrau in Kleidern auftreten, die gar nicht zu uns passen, passt wohl auch sonst wenig bei unserem Liebeswert. Und wenn wir ein protziges, für uns eigentlich viel zu teures Auto fahren, von dem wir hoffen, dass es uns stark und erfolgreich dastehen lässt, dann steht vermutlich unser Liebeswert nicht wirklich gut da.

Als erstes brauchen wir daher Klarheit über unseren Liebeswert – den eigenen und den des Mannes bzw. der Frau an unserer Seite. Wir müssen wissen, wo der Liebeswert Probleme macht, wie sich diese zeigen und was dagegen zu tun ist. Das ist weniger ein seelisches Röntgenbild, bei dem Sie nur einmal auf den Knopf drücken, als vielmehr ein Prozess: Sie haben Ihren Liebeswert nicht von heute auf morgen verloren, Sie werden ihn auch nicht von heute auf morgen aufbauen – aber als Paar können Sie ihm tatsächlich näherkommen. In kleinen Schritten, manchmal in großen und immer Hand in Hand mit dem Menschen an Ihrer Seite, der Sie liebt und jedes Stück des Weges gerne mit Ihnen gehen möchte. Der Liebeswert beider ist dabei immer auf dem gleichen Niveau: Die Höhe Ihres Liebeswertes entspricht der Höhe des Liebeswertes Ihres Partners bzw. Ihrer Partnerin. Es kommt nicht vor, dass ein hoher Liebeswert auf einen niedrigen trifft oder umgekehrt. Und was die Zeit angeht – der zeitliche Wechselkurs steht immer gut für die Liebenden, denn jeder Tag mit Liebeswert wiegt ein Jahr ohne auf.

Das Mittel für die Veränderung des Liebeswertes durch die Partnerin bzw. den Partner sind neue Erfahrungen, mit denen die alten gelöscht werden. Es ist Aufgabe der Partnerin bzw. des Partners, unsere negative Erfahrung, die zum Verlust des Liebeswertes geführt hat, durch eine positive Erfahrung zu korrigieren. Es sind die neuen Erlebnisse, die uns Mut und Vertrauen fassen lassen. Die Wirklichkeit überzeugt uns, nicht die Theorie.

Die Kennzeichen des Liebeswertes

Das erste Kennzeichen des zu geringen Liebeswertes ist ein alter Bekannter: das Hinterzimmer. Es gilt die Regel: Je größer das Hinterzimmer, desto kleiner der Liebeswert. Denn das Hinterzimmer bedeutet ja nichts anderes als die Erwartung von Zurückweisung und Liebesentzug für unsere Gefühle, Wünsche und Pläne.

Das Hinterzimmer ist seit unserer Kindheit der Ort unserer Beruhigung. Denn immer wenn Gefühle kamen, mit denen wir als Kind nicht umgehen konnten, gingen wir in das Hinterzimmer, haben die Gefühle dressiert, verleugnet und verdrängt und zwar mithilfe unserer ganz persönlichen Beruhigungsstrategien. Als Erwachsene setzen wir dieses Ausweichverhalten fort, aber mit etwas ganz anderem – wir verstecken dort unsere Frustration und unsere Enttäuschung über unsere Partnerin bzw. unseren Partner. Im Hinterzimmer verwandeln wir also aufkommende Gefühle, mit denen wir noch immer nicht umgehen können, in Gedanken gegen unsere Frau oder unseren Mann. Sie/er hat irgendwie wieder etwas falsch gemacht, ist einfach nicht richtig, das Leben mit ihr/ihm/ ist so schwierig.

Wenn Sie also merken, dass Sie immer Gedanken im Hinterkopf haben, die Sie nicht äußern und dann gut verpackt in die gute Stube Hinterzimmer tragen, wenn es emotional wird, dann wissen Sie, dass Ihnen gerade Ihr niedriger Liebeswert in die Quere kommt. Der bekannteste Hintergedanke ist wahrscheinlich *„Bitte nicht schon wieder.*“, dicht gefolgt von *„Das war's. Wirklich. Aus.*“ Bitte lachen Sie ruhig, wenn Ihnen das bekannt vorkommt: Sie haben diese Mechanismen nicht erfunden, aber Sie können Sie jetzt verstehen – und damit auch verändern.

Manchmal kann man förmlich sehen, wie ein Partner ins Hinterzimmer geht, er sitzt dann zwar noch am Tisch, aber emotional ist er schon aufgestanden. Das berühmte Augen-zum-Himmel-Verdrehen etwa ist ein klassischer Abgang, auch plötzliches Schweigen und schmallippige Antworten wie etwa: *„Gut, wenn du meinst.*“

Was dieses Verhalten tut, ist Entlastung zu schaffen für den Druck, dem wir uns ausgesetzt sehen. Es wird zu emotional, die Nähe wird zu nah, am Ende nicht aushaltbar. Wenn wir ins Hinterzimmer flüchten, dann wollen wir eigentlich weg von unseren Gefühlen – aber wir gehen weg von unserem Mann bzw. unserer Frau, weil wir ihn/sie für das Aufdecken unserer Gefühle verantwortlich machen. Das ist so, als würden wir den Spiegel für unser Spiegelbild kritisieren – so vertreiben wir nicht nur unsere Gefühle, sondern auch unseren Partner. Noch einmal, weil es so wichtig ist: Das Hinterzimmer ist keine Fehlentwicklung oder eine Art von Minderleistung. Es ist eine Lösungsstrategie aus Ihrer kindlichen Vergangenheit. Wo kann ich mit den Gedanken und Gefühlen hin, die mir wichtig sind? Früher gab es diesen Ort tatsächlich nicht in Ihrem Leben, aber heute ist das anders, heute haben Sie einen Mann bzw. eine Frau an Ihrer Seite und Ihre Partnerschaft als Hilfe. Die Liebe ist genau dazu da – um Sie vom Gefühl der Lieblosigkeit zu befreien. Ihr Verhalten von heute kann nicht mehr Ihr Verhalten von gestern sein, denn die

Herzen im Umfeld von heute sind nicht mehr die Herzen aus dem Umfeld von gestern.

Wenn Sie das spüren können, dann tragen Sie Ihre Hintergedanken also nicht mehr in diesen „Schwarzen Salon“; sie gehören in die Hände des Mannes bzw. der Frau an Ihrer Seite. Die Themen, die nicht angesprochen werden dürfen, und die tunlichst vermieden werden, sind die Themen, die wichtig wären und alles verändern könnten. Sprechen Sie aus, was Sie denken, lassen Sie Licht in Ihr Innenleben. Das gilt übrigens auch umgekehrt: Oft ahnen bzw. spüren Sie, dass Ihr Partner gerade verschwindet. Bleiben Sie hartnäckig. Trauen Sie Ihrem Instinkt, halten Sie ihn auf, bieten Sie einen viel schöneren Raum an als das Hinterzimmer – Ihr eigenes Herz, diesen Moment und dieses Gespräch.

„Komm her, hier ist Platz für dich.“

Woran wir bei unserem Liebeswert leiden, wird übrigens sehr wohl offen ausgesprochen, nur leider mit seinem sehr, sehr raffinierten Code: Wir schreien es bei Streitigkeiten heraus. Nicht bei den kleinen Scharmützeln, sondern bei den großen Zerreißproben, wo alles Spitz auf Knopf steht. Denn in diesen Momenten schreien wir unsere Schmerzpunkte in die Welt. Dann platzt der Satz aus uns heraus, der auf der Seele liegt und der meistens sehr gut beschreibt, wo die Wunde liegt. Wir bemerken diese Sätze selbst allerdings meistens nicht, weil eine der Eigenschaften von Streit bis aufs Messer ja genau darin besteht, dass die Dinge aus uns herausbrechen und wir uns dabei selbst nicht wirklich gut beobachten oder wahrnehmen. Aber versuchen Sie es. Es ist wichtig. Und da die Sätze immer ähnlich sind, werden sie Ihnen früher oder später auffallen – ganz bestimmt. Und wenn nicht Ihnen, dann dem Menschen an Ihrer Seite. Und dann haben Sie einen Faden in der Hand, der sie zielsicher zum Ursprung Ihrer Verwundung führt, wenn Sie ihm folgen. Ein Beispiel:

„Du bist wie mein Vater. Wie mein Vater. Ein ganz gemeines A …“

Der Mann Ihnen gegenüber ist nicht Ihr Vater, er ist auch nicht wie Ihr Vater. Aber er tut womöglich etwas, was auch Ihr Vater getan hat und was Sie als Kind in die Entwertung getrieben hat. – Hier schreit ein Mädchen, und zwar die Sätze, die es damals nicht gesagt, aber gefühlt hat. Die erwachsene Frau würde vielleicht noch das Wort mit „A" verwenden, aber dann würde sie sagen: „Warum tust du mir das an? Das müssen wir in den Griff kriegen, das muss aufhören. Das sind nicht wir ..."

„Kein Wort mehr. Du urteilst nicht über meine Familie, was erlaubst du dir?"

Das ist offensichtlich ein Satz aus dem Hinterzimmer, denn natürlich gehört das Gespräch über die jeweiligen Ursprungsfamilien zu den Selbstverständlichkeiten zwischen Paaren. Da möchte jemand nicht, dass über die Herkunftsfamilie gesprochen wird, dass nachgefragt wird und offengelegt und nachgefasst – es wäre zu schmerzhaft. Wenn ein Mann diesen Satz sagt, dann spricht der Junge, der vielleicht aus einer schrecklichen Familie kommt, der dort verjagt und vertrieben worden sein mag oder geschlagen, der dort vielleicht nur Stumpfheit und Bildungsferne erlebt hat und sich bis heute schämt. Der erwachsene Mann würde sagen: *„Jetzt kommst du mit meiner Familie. Treffer. Denn es stimmt: Ich schäme mich für meine schäbige Herkunft. Aber musst du mir damit wehtun? Warum?"* Die letzten Sätze im Streit sind immer mögliche Anfänge für das Verständnis von Liebeswert und Funktionswert, also von Echt und Kompensation. Sie sollten immer sehr genau hinhören – am besten beide.

Wo es wirklich wehtut, erzählt auch der Funktionswert. Erinnern Sie sich? Der Funktionswert ist das Programm, innere Wertlosigkeit durch äußere Werte zu ersetzen. Das klingt erst einmal nach teuren Anzügen, großen Autos und Villen mit Pool, aber das ist nur die eine Seite des Funktionswerts – er kann auch sehr unscheinbar daherkommen, mit absichtlich schlampiger Kleidung, billigen Möbeln und einem ewigem Studium oder einer Karriere mit garantierter Sackgasse. Der entscheidende Punkt ist: Wenn der Fokus auf die Äußerlichkeiten groß ist, dann ist der Liebeswert klein.

- „Ein Mann ohne Auto ist einfach kein Mann."
- „Wir sparen. Es ist mir egal, ob die Kinder Durst haben, wir kaufen jetzt sicher nichts zu trinken."
- „Wenn ich Botox verwende und mir meine Lippen machen lasse, dann wird das wieder was mit uns."
- „Ich finde, wer sich heute nicht für den Klimaschutz einsetzt, ist ein Verbrecher. Und das meine ich auch so."
- „Ich gebe das meiste Geld für Kleidung und Schmuck aus. Den Rest für sinnlose Dinge ..."

Diese Beispiele sind beliebig erweiterbar – wir alle bauen Außenwelten auf, um unsere leeren Innenwelten aufzufüllen. Es ist ein Weg, um die Balance nicht zu verlieren, aber es ist kein Weg, um Erfüllung zu erreichen. Es gibt einen guten Indikator, wie weit Sie dabei schon gegangen sind: Stellen Sie diese Äußerlichkeiten einmal ab: Kaufen Sie sich ein kleines Auto oder fahren Sie überhaupt öffentlich. Verbieten Sie sich eine Woche das Internet oder das Einkaufen. Oder verzichten Sie einen Monat auf Alkohol. Im Normalfall kommt dann Unruhe auf, womöglich Gereiztheit und auch echter Streit. Was sich da wehrt, ist immer unsere Angst, ohne diese Trostpflaster wieder das Gefühl erleben zu müssen, das unser ganzes Leben verändert hat: Wir sind nichts, niemand braucht uns, wir haben keinen Wert. Damit kein Missverständnis aufkommt: Nichts ist an einem großen Auto schlecht oder an einem Schrank voller wunderbarer Kleidungsstücke – genießen Sie es, erfreuen Sie sich daran. Aber wenn Sie diese Dinge brauchen, um Sie selbst zu sein, dann werden Sie genau das nicht erreichen. Und die Wahrscheinlichkeit ist gegeben, dass Sie dann eines Tages mit der Autopolitur und den Handtaschen alleine bleiben.

Ein besonders wichtiges Erkennungsmerkmal für unseren Liebeswert sind auch unsere Niederlagen. Wenn wir hartnäckig an unserem beruflichen Erfolg scheitern, in unseren Beziehungen, ständig Probleme mit der Gesundheit haben, dann ist es sehr wahrscheinlich, dass dahinter unsere inneren Holzfäller stehen. Wir sägen dann mit unseren inneren Kritikern, unserer Selbstkasteiung, unserer Opferhaltung oder unserem

Selbstmitleid an all den Dingen, die wir eigentlich erreichen können und strecken sie zielsicher zu Boden. *Ich kann das nicht, ich brauch das nicht, ich bin das nicht wert.*

– Also bewerben wir uns nicht für den Job, der eigentlich unser Traum wäre, den wir uns aber nicht zutrauen, und den sowieso bestimmt jemand mit Beziehungen bekommt.
– Also nehmen wir zielsicher einen Partner nach dem anderen unter unserem Niveau und unter unseren Möglichkeiten und stellen im Zweifel Forderungen, die ja doch nicht erfüllt werden.
– Also interessieren wir uns nicht für unser Aussehen und stoßen damit noch die letzten Interessentinnen und Interessenten ab.

Das Ende dieses Liedes ist immer ein Mangel, ein Wenig, ein Lieben und Leben unter den Möglichkeiten, die wir haben. Aber wenn wir das wissen und endlich auch eine Idee davon haben, wo wir ansetzen müssen, dann ist auch möglich, was bisher unmöglich war: der Aufbau des Liebeswerts.

Der Aufbau des Liebeswerts

Der Aufbau des Liebeswerts folgt wie jeder Bau einem Plan. Er ist nicht sehr kompliziert, aber er hat Grundregeln, die über den Erfolg entscheiden. Die vielleicht wichtigste Grundregel lautet, dass der Liebeswert mit Kleinigkeiten beginnt.

Es ist tatsächlich eine Freude, wenn Sie Blumen schenken, aufräumen, Komplimente machen oder sich der Kinder annehmen – die Liebe beginnt mit kleinen Liebenswürdigkeiten, mit Aufmerksamkeiten, die Sie lächelnd in die Partnerschaft einstreuen. Es ist eine Art emotionaler Small Talk, der wie echter Small Talk niemals zu verachten ist, weil er die Brücke baut. Zu den Schwergewichten in unserem Inneren, unseren Gefühlen, Bedürfnissen und Begrenzungen. Und die Schwergewichte unter den Schwergewichten, das sind unsere sogenannten Herzensangelegenheiten – die Dinge, die uns am Herzen liegen und deshalb auch das Zeug haben, unser Herz in Bewegung zu bringen.

Herzenswünsche sind die Dinge, die für Ihre Entwicklung unverzichtbar sind, die also erst ausmachen, wer Sie wirklich sind. Die Frage dazu lautet: Wenn Sie im Alter zurückschauen auf Ihr Leben, sagen wir mit 75 auf einer dieser runden Bänke rund um eine Linde sitzend, was möchten Sie von ganzem Herzen erreicht, gelebt und erfahren haben? Wer möchten Sie gewesen sein? Sie merken spätestens hier, dass es nicht ein Haus, ein Auto oder selbst Frau Marcos Schrank voller Schuhe sein kann – das letzte Hemd hat bekanntlich keine Taschen.

Was sind Ihre Herzensangelegenheiten? Woran hängen Sie wirklich von ganzem Herzen, was möchten Sie herztief sein, tun, erreichen? Was ist da übrig nach Abzug aller nur anerzogenen oder eingebildeten Must-haves? Das ist keine leichte Frage, es ist vielleicht die schwerste der Welt. Aber man kommt der Antwort näher, wenn man um die Frage herumgeht, wenn man langsam auf die andere Seite des Fragezeichens schlendert und von dort einen Blick auf die Frage wirft. Denn dann stellt sie sich plötzlich anders und ist meist etwas leichter zu beantworten:

Was können Sie dieser Welt geben, was sonst niemand dieser Welt geben könnte – für welches Talent, welchen Beitrag sind Sie da?
Beginnen Sie mit der Antwort bei sich selbst. Versuchen Sie in Ruhe herauszufinden, was Ihnen am Herzen liegt. Nehmen Sie sich Zeit, vielleicht ein Blatt Papier, legen Sie die Beine auf den Schreibtisch oder die Couch oder die Knie Ihres Partners bzw. Ihrer Partnerin und benennen Sie Ihre Herzenswünsche. Wenn es Ihnen hilft, machen Sie eine einfache Einteilung nach dem Muster Beruf-Familie-Liebe:

- Was sind meine Herzenswünsche in der Liebe? Was passiert da? Wie bin ich, wie ist er/sie zu mir?
- Was sind meine Herzenswünsche im Beruf? Was macht für mich Sinn, wie wichtig ist Geld, was soll von meiner Arbeit bleiben, worauf bin ich stolz?

– Was sind meine Herzenswünsche in der Familie? Kinder? Viele? Eigene? Was ist mit der Ursprungsfamilie?

Wenn Sie damit fertig sind, dann lesen Sie alles noch einmal durch. Sie wollen erfolgreich sein? Gut. Was heißt das genau: Reich? In Sicherheit? Glücklich mit Ihren Talenten? Oder wollen Sie Kinder? Die Welt sehen? Etwas erfinden, Armen helfen? Wenn Sie eine Liste haben und sie auch noch Gültigkeit für Sie hat, nachdem Sie eine Nacht darüber geschlafen haben, dann machen Sie dasselbe für Ihren Partner bzw. Ihre Partnerin.

Was sind die Herzenswünsche, die ganz persönlichen Herzenswünsche Ihrer Frau/Ihres Mannes? Worauf möchte Ihre Frau/Ihr Mann am Ende ihres/seines Lebens zurückblicken? Wer möchte Ihre Frau/Ihr Mann wirklich sein? Was liegt ihr/ihm am meisten am Herzen?

Sie sollten dann tatsächlich oder in Gedanken zwei Blatt Papier vor sich haben und den Inhalt dieser beiden Zettel gemeinsam besprechen. Sie können dabei staunen, lachen, erschrocken sein, neue Seiten entdecken oder alte Träume wiederbeleben, Sie können eine gute Flasche Rotwein aufmachen oder in Ihrer Lieblingsbar versacken, Ihre Herzenswünsche der Musik wegen fast schreiend voreinander ausbreiten, Sie können sich dabei an die Stirn tippen oder anerkennend nicken – auf jeden Fall aber sollten sie Ihre Herzenswünsche zu einem festen Fundament Ihrer Beziehung machen. Für viele Beziehungen ist das geradezu eine Offenbarung, weil es sehr oft vorkommt, dass einer der Partner, oft auch beide, enorm viel für die Beziehung tun, sich einsetzen und wirklich alles tun, was man als liebevoll versteht – und trotzdem stellt sich kein Gefühl von Glück und Beschenktheit ein. Da werden Geschenke gemacht und spannende Reisen organisiert, da wird der Haushalt brav geteilt und jede Grippe gemeinsam auskuriert, aber irgendwann erfährt man *„Du, danke, aber das ist es nicht, das berührt mich nicht.“* Und dann ist es nicht weit bis zu dem Gefühl, sehr ungerecht behandelt zu werden und Undank zu ernten und dann blinzelt die nächste veritable Krise auch schon um die Ecke. Die Erklärung: All das sind keine Herzensangelegenheiten, früher oder später ist brav und ordentlich und korrekt zu wenig – dann muss es um die Herzensangelegenheiten gehen. Ihre Beziehung, der Mann bzw. die Frau an Ihrer Seite muss Sie Ihren Herzenswünschen näher bringen.

Wer sonst?

Die Schlüsselerlebnisse

Eines der unerklärlichsten Phänomene am mit unerklärlichen Phänomenen wirklich reich gesegneten Thema Liebe und Partnerschaft ist die immer wieder anzutreffende Erwartung, dass Liebesdinge eigentlich von selbst klappen müssten. Nicht mühelos, das nicht, so viel hat man als modernes Paar schon verstanden, aber auch nicht so mühevoll, zäh und kräfteraubend wie es eben oft ist. Die Liebe, so wispert eine ganz tief unten sitzende Flüsterstimme, geht ganz leicht und mit Selbstverständlichkeit, da muss doch nicht viel erklärt werden oder sortiert oder erkämpft, jedenfalls nicht bei der richtigen Liebe; die braucht das alles nicht, wispert die Stimme dann weiter, das ist nur schwer und anstrengend.

Schenken Sie dieser Stimme keinen Glauben: Sie ist parteiisch und meint es nicht gut mit Ihnen. Es ist die Stimme des Funktionswerts, der auf diese Art versucht, Ihnen die Liebe buchstäblich auszureden. Denn wenn Sie nichts für die Liebe tun, soviel ist sicher, dann kommen Sie nicht einmal in die Nähe der Liebe. Es ist die Angst vor dem Scheitern, vor dem wieder Alleinsein, vor all dem vergeblichen Bemühen, das die Stimme da flüstern und wispern lässt. Seien Sie also versichert: Wir haben alle diese Angst, und sie kommt daher, dass wir uns nicht liebenswert genug fühlen. Denn würden wir das tun, dann würden wir etwas ganz anderes erwarten und annehmen und in die Welt hinaus strahlen: *Komm zu mir. Wir schaffen das. Es wird gelingen, Liebste(r).*

Die Wahrheit ist, dass wir uns für die Liebe genauso einsetzen müssen wie für alle anderen Dinge auch. Daran ist weder etwas falsch noch peinlich – im Gegenteil. Für die Liebe nichts zu tun, das wäre falsch und peinlich zugleich.

- Wir müssen über die Liebe nachdenken.
- Wir müssen über die Liebe diskutieren.
- Wir müssen in der Liebe Ehrgeiz haben.
- Wir müssen in der Liebe Durchhaltevermögen zeigen.
- Wir müssen in der Liebe gut sein wollen.
- Wir müssen in, über und von der Liebe lernen.

Das sind alles keine ungewöhnlichen Ansprüche. Wenn wir einen Beruf erlernen, studieren, Karriere machen, sind das die normalsten Dinge der Welt. Auch wenn wir Kinder bekommen, erfüllen wir jeden Anspruch aus dieser Liste und haben dennoch immer das Gefühl, nicht genug getan zu haben. Es sind die normalsten Anforderungen der Welt an jede Tätigkeit auf der Welt, wir stellen sie praktisch automatisch an uns selbst. Kein Mensch käme auf die Idee, dass man fahren kann, wenn man es nicht geübt hat, und ohne Führerschein würde auch niemand zu einer Urlaubsreise mit Frau und Kind aufbrechen.

Und genauso sollten Sie an die Liebe herangehen: Strengen Sie sich an. Werden Sie gut darin. Jetzt, wo Sie wissen, dass die Flüsterstimme nur ein Handlanger ist, legen Sie ihr einfach kräftig die Hand auf den Mund und flüstern zurück: *Ich will lieben. Und ich will geliebt werden. Und ich höre dir von nun an nicht mehr zu.*

Der Schlüssel zu allem: Herzmut

Die erste Fähigkeit, die Liebende brauchen, ist besonders wichtig – aber es ist eine Fähigkeit, von der die meisten Menschen gar nicht wissen, dass es sie überhaupt gibt. Es ist „Herzmut".

Beim Herzmut geht es darum, dass wir uns in Situationen, in denen wir eigentlich keine Entscheidung treffen wollen und keine Entscheidung treffen können, eine Entscheidung treffen müssen. Es gibt diese Situationen nicht oft, sie kommen in manchen Leben nur ein einziges Mal vor, in manchen vielleicht öfter, aber ein Dutzend Mal wäre schon sehr viel. Das ist auch gut so, denn die Kraft, die diese Situationen erfordern, ist enorm – wir stehen in diesen Situationen nämlich immer allein, mutterseelenallein. Es ist die Situation, die wir erleben, wenn wir im Tanzkurs sind und jemanden auffordern müssen. Oder im Bad zum ersten Mal vom Dreimeterturm springen: Schon der Anstieg ist eine Schlacht, manche brauchen dafür Wochen, weil sie unterwegs die verstörende Entdeckung machen, dass von oben alles deutlich höher ist als von unten, so dass man am Anfang noch einen Dreimeterturm unter den Füßen hat, er sich aber nach den ersten Treppen in einen 30-Meter-Turm verwandelt und einige Stufen weiter eindeutig ein nicht mehr zu bewältigender 300-Meter hoher Wolkenkratzer geworden ist. Wenn man dann irgendwann doch oben steht, ist es auffällig still, dafür geht der Wind, und noch nie hat man ein so schmales Brett gesehen wie jenes, über das man jetzt nach vorne gehen soll: unfassbar schmal und wackelig. Wenn man sich dann doch langsam an sein Ende hinausgetastet hat und hinunterblickt, ist klar: Hundert Meter, mindestens, und da helfen auch diese läppischen Erklärungen nichts, dass es einem nur so hoch vorkommt, weil man auf den Beckengrund schaut, das Wasser durchsichtig ist und so weiter. Man steht am Rand dieses Bretts, die Zehen sind sogar schon ein Stückchen über den Brettrand hinausgeschoben, sie sind schon in der Luft und man atmet tief ein und sieht hinunter. Und dann endlich schaffen, was so viele schon geschafft haben und was man sich so sehr wünscht, und man geht noch ein bisschen nach vorne, Millimeter nur, und dann springt man. Herzmutig. – Oder man springt nicht.

Alle Liebenden kommen einmal an den Punkt, wo sie sich für oder gegen die Liebe entscheiden müssen. Wo die Antwort „Ja“ oder „Nein“ sein muss, wo es ein Bekenntnis gibt oder eine Erkenntnis, wo sich einer zuwendet oder abwendet.

In diesen Situationen ist niemand da, der raten, trösten, helfen könnte, und selbst wenn, hören wir nicht. Wir haben dann nur noch uns und unseren eigenen inneren Kompass In diesen Situationen sind alle Argumente aufgebraucht, die Logik ist zu Ende gedacht und alles ist gesagt und besprochen worden, ohne Ergebnis. Dafür gibt es jede Menge Angst und wenn man über die Angst hinausschaut, dann ist da nur noch mehr Angst. Es sind Situationen, in denen wir uns beispielsweise zwischen Bleiben und Trennen entscheiden müssen, zwischen einem geliebten Menschen und einem anderen geliebten Menschen, zwischen Vergeben und Rächen, zwischen standesgemäß und unmöglich, zwischen Normalität und Nische, zwischen dem Dazugehören und dem Ausgestoßensein.

Herzmut ist wahrscheinlich die wichtigste Eigenschaft, die sehr vitale, lebendige und erfolgreiche Menschen von anderen unterscheidet. Die einen zeigen im entscheidenden Moment doch Herzmut. Und die anderen eben doch nicht. Wir können uns auf diese Entscheidungen nicht vorbereiten, wir können sie auch nicht üben, aber es gibt ein Kennzeichen für die herzmutige Entscheidung – die herzmutige Entscheidung ist die schwerere. Und wenn wir es uns leicht machen, dann wird es schwer mit der Liebe. Sie ist dafür zu anspruchsvoll.

Der Herzmut erfordert also vor allem eine Anstrengung von uns, er verlangt uns etwas ab und zwar immer die Überwindung von etwas, das uns wirklich Angst macht. Denn unsere Ängste sind die härteste Währung für unser Wollen und für unser Wachsen – und vielleicht möchte die Liebe genau deshalb bevorzugt mit ihnen bezahlt werden. Auch beim Herzmut. Dafür wird dann auch das wirklich Große möglich. Die Dichterin Hilde Domin hat das einmal wunderbar beschrieben, sehr herzmutig könnte man sagen:

Wir setzten den Fuß in die Luft / und sie trug.

Offen gesagt: Reden wir darüber

Dazu ist nicht viel zu sagen: Das Gespräch ist für die Liebenden ohne Alternative. Es ist der Schlüssel, der das Hinterzimmer öffnet, und es uns ermöglicht, seinen Inhalt mit unserem Partner zu teilen.

Gemeint ist dabei das ehrliche und offene Sprechen, also eines, das ohne Floskeln auskommt und ohne Schreien und bei dem der, der mit der Sprache besser umgehen kann, daraus niemals eine Waffe macht. Das gelingt nicht immer leicht, aber es gelingt immer, wenn sich zwei Mühe geben[2]. Und wenn Sie das anders sehen, sollten Sie sowieso eines tun – schleunigst darüber reden[3].

Hiergeblieben: die Kraft zu bleiben

Neben dem Herzmut und der Notwendigkeit des Miteinanderredens beruht die Entwicklung der Liebe auf einer dritten Fähigkeit – der Kraft zum Bleiben. Denn der Wunsch zu gehen, das Bedürfnis, die ganze herzabschnürende Beziehungskiste einfach hinzuschmeißen, taucht in allen ernsten Krisensituationen, bei jedem messerscharfen Streit und nach jeder echten Zerreißprobe auf wie das Amen im Gebet. *Nur weg hier. Der reinste Terror. Dann eben nicht.* Die Aussicht, endlich wieder allein zu sein, in Frieden und ohne die vermeintlich so falschen und schrecklich schmerzhaften Attacken des anderen, ist derartig wunderbar, fast schon süß, dass es nicht leicht ist, ihr zu wiederstehen. Und dann gehen viele. Oder lassen zumindest einen Teil gehen, den Sex etwa, das Lachen, die Offenheit, den Gruß, wenn man das Haus verlässt, den Kuss beim Wiedersehen. Die Folge ist nicht immer der Bruch, eher ein Knacks, haarfein meistens, der kein Geräusch macht und noch nichts in Scherben legt, aber das Feine, das Zerbrechliche ruiniert. Wer genau hinsieht und die Oberfläche gegen das Licht hält, kann es sehen.

---

2 Eine Anmerkung: Das Reden, das für das Lieben notwendig ist, braucht keine großen Regeln oder Formen. Aber wenn es Ihnen hilft oder Sie beruhigt, nehmen Sie Bücher und Berater in Anspruch. Unser Rat wäre: Reden Sie, wie Ihnen Schnabel und Herz gewachsen ist. Das ist ein Teil davon, wer Sie wirklich sind.

3 Und noch eine Anmerkung: Viele Männer tun sich mit ihrer Emotionalität tatsächlich schwer, oft brauchen sie dafür Alkohol oder Krisen. Das ist ein aufwendiges Verfahren – und alles andere als männlich. Ändern Sie es!

Die Lust zu gehen, sich abzuwenden und allein weiterzumachen, begegnet uns aber nicht nur in den großen Schlachten, es gibt sie auch eine Ebene tiefer, bei schnellen Telefonaten und kleinen Auseinandersetzungen, Streits am Küchentisch oder im Bad. Sie sind eingestreut in den Alltag, wir stehen dann einfach auf, machen eine abfällige Handbewegung, verdrehen die Augen zum Himmel, sagen oder denken: *„Mach es, wie du willst, wirklich." oder „Ich sage dazu nichts mehr."* Und tschüs.

Die Kraft zu bleiben meint also „in der Beziehung bleiben", ebenso wie „am Küchentisch sitzenbleiben". Sie ist auf dieser Alltagsebene vielleicht noch wichtiger als bei den epischen Auseinandersetzungen, weil viele kleine Risse am Ende einen Graben bilden, vor allem aber, weil die Disziplin bei kleinen Auseinandersetzungen die Grundlage für das Bewältigen der großen Auseinandersetzungen ist. Wenn wir hier so etwas wie eine „Disziplin des Herzens" herstellen können, werden wir davon profitieren, wenn es darauf ankommt.

Mit der Kraft zu bleiben ist kein Persilschein für schlechtes Benehmen gemeint oder das Ertragen unerträglicher Zustände. Diese schmerzen anders und länger und wenn wir sie verändern, dann sind wir eher kristallklar und ruhig in unserer Entscheidung. Hier ist eher das Überwinden eines Fluchtreflexes gemeint, der sich immer heftig und dramatisch anfühlt, dem wir aber nicht nachgeben dürfen. In der Liebe ist der andere nicht das Problem, sondern die Lösung. Wir weichen einem Schmerz aus, den wir in uns tragen – unser Partner ist nur der Spiegel, aber nicht dieser Schmerz.

Der beste kleine Trick beim Fluchtreflex ist übrigens Körperkontakt: Wenn Sie merken, dass Sie die Kraft zu bleiben verlässt, fassen Sie den anderen an – eine Hand genügt oft, langes Anschauen auch, beide Hände nehmen und drücken oder einen Kuss auf die Spitze eines Fingers legen, das wirkt oft Wunder. Und wenn Sie merken, dass den anderen gerade die Kraft zu bleiben verlässt, machen Sie es genauso – nehmen Sie seine Hand. Erwarten Sie Abwehr, Wegziehen, Aufbrausen. Wenn Sie können, bleiben Sie dabei, seien Sie standhaft, lassen Sie sich nicht vertreiben. Widerstand muss man nicht brechen, man schmilzt ihn.

Vor allem, wenn Ihr Partner bzw. Ihre Partnerin zu den „Hochbegabten" gehört: Das sind Männer und Frauen, die tatsächlich enorm viel können und zwar im Prinzip alles. Karriere, Kochen, Bügeln, Kinder, Sex, Bildung, Knöpfe annähen, Freunde pflegen, Spaß alleine haben – die Hochbegabten sind fast schon unheimlich selbstständig und daher ganz besonders gefährdet für das Gehen. Sie können ja alles. Sie brauchen niemanden. Sie stoßen nicht am zweiten Tag eines Streits auf das Problem, dass sie sich selbst kein Abendessen machen können oder ihr Gegenüber, mit dem sie ja eigentlich nie mehr ein Wort mehr wechseln wollen, nach den Kontoauszügen fragen müssen, weil der Steuerberater angerufen hat.

Die Hochbegabten brauchen die Hand etwas schneller als andere, denn sie sind meistens nur deshalb so universal talentiert, weil sie schon so oft allein sein mussten – es ist ein Talent, das aus Tränen gemacht ist. Und das die meisten sich gerne erspart hätten.

Du hast, was ich brauche

Wenn Sie und Ihre Frau bzw. Ihr Mann bis hierher gegangen sind, dann sind Sie weit gekommen – Sie haben verstanden, wie viel vom Gestern im Heute verborgen ist, Sie können all die Hindernisse und Stolpersteine zwischen ihnen beiden sehen und kennen jetzt auch die Fähigkeiten, mit denen Sie all die Varianten von Lieblosigkeit in Ihrem Leben in Liebe verwandeln können. Das ist nicht wenig – es ist sogar eine ganze Menge. Sie sind jetzt an der entscheidenden Schnittstelle zwischen Stillstand und Wachstum. Es ist fast so etwas wie die rote Linie der Liebe, die sich da aufspannt, eine Linie, die entlang der Punkte Herzebene – Hinterzimmer – Liebeswert verläuft:

- Auf der einen Seite stehen das Funktionieren, die Steuerung durch kindliche Erfahrungen und die Erhaltung des Status quo im Vordergrund. Auf dieser Seite der roten Linie fangen wir alle an, dort befinden sich auch die meisten Paare und dort wollen sie oft auch bleiben – aber das ist nicht der Zielraum, es ist nicht der Liebesraum. Denn hier haben sich zwei nicht vergrößert und beschenkt oder entwickelt, sie haben sich vielmehr arrangiert, und wenn ihnen das Schicksal wohlgesonnen war, dann haben sie dabei ihre Reibungsverluste ausgeräumt und einiges in der Welt erreicht. Es sind zwei „ICHs", die da miteinander leben; sie haben ihre Probleme minimiert und ein Gefühl von Vertrautheit maximiert. Damit halten sie ihren Spatz in der Hand, können aber nicht vermeiden, mit Sehnsucht den Tauben hinterherzublicken und den Kranichen sowieso. Und oft halten sie dabei selbst ihren Spatz so fest, so ängstlich fest, dass sie auch ihn am Ende verlieren, vergessend, dass selbst Spatzen fliegen wollen.

- Auf der anderen Seite dieser roten Linie stehen das Leben auf der Herzebene, die Steuerung durch Visionen und Entwicklung. Dort wollen viele Paare hin und dieses Buch soll Ihnen den Weg dorthin zeigen und helfen, die richtigen Abzweigungen zu nehmen. Auf dieser Seite arrangieren sich zwei nicht nur miteinander, sondern sie lösen die Knoten ihrer Vergangenheit und kommen jeden Tag ein bisschen weiter und höher. Und sie haben verstanden, dass dieser Weg Einsatz erfordert und Anstrengung und womöglich schmerzhafte Erfahrungen bereithält – sie sind dafür bereit. Auf dieser Seite sind Beziehungen übrigens immer Einzelstücke, das Paar hat nur sich als Orientierung und für beide Partner bedeutet der Weg Neuland. Es geht deshalb oft hoch her, aber das halten beide aus, denn es geht ihnen um die Flughöhe – hier wollen zwei wirklich fliegen, mindestens als Tauben, aber eigentlich als Kraniche.

Auf den nächsten Seiten wird es darum gehen, die rote Linie tatsächlich zu überschreiten. Und zwar zu zweit, als „Wir" – vielleicht Hand in Hand, ganz sicher Herz neben Herz.

Das Rendezvous der Herzen

Wenn die Öffnung des Hinterzimmers ein Erfolg werden soll, dann muss der Mut dazu gestützt und gewürdigt werden. Wer in einer Beziehung sein Inneres offenbart, muss darauf vertrauen, dass ihn ein Herz erwartet. Und damit Empathie, Anteilnahme, Hilfestellung, Zuversicht und Mitgefühl und Geduld. Es ist ein „Rendezvous der Herzen“– ein Herz öffnet sich, ein anderes öffnet die Arme und damit ist alles möglich.

Entscheidend ist, dass die Empathie nicht gespielt ist: Liebende wollen verstehen, was im und beim anderen vorgeht, sie wollen begreifen und nachvollziehen, was da war und ist und sie fürchten eher zu wenige Fragen als zu viele. Sie merken deshalb immer, wenn das Interesse geheuchelt ist. Liebende wiegeln auch nicht ab und spenden keinen billigen Trost. Sie sagen nicht, dass alles gut werden wird, wenn sie es nicht so meinen – auch weil sie wissen, dass der andere den Unterschied unfehlbar bemerken wird.

Dieses Rendezvous der Herzen ist ein Treffen, das nicht nur einmal stattfindet, sondern bei jeder Preisgabe von bisher verschwiegenen Ängsten und Nöten. Nach Möglichkeit soll zeitnah stattfindet, sprich: Seien Sie da, wenn das Thema da ist. Reden Sie über Ihre Geldsorgen, wenn der Brief vom Finanzamt im Briefkasten liegt, reden Sie über Ihren Sex, wenn er gerade mal wieder nicht funktioniert hat, beklagen Sie sich über die Grobheit oder Ungepflegtheit oder Faulheit des Partners, wenn er oder sie gerade grob, ungepflegt oder faul war. Echtzeit ist gut für Ihre Beziehung, je näher Sie als Paar am Ereignis sind, umso näher sind Sie an Wahrheit und Wahrhaftigkeit. Denn mit jeder Stunde, ganz sicher mit jedem Tag Abstand zu dem was war, beginnt das Paar mit dem *„Photoshopping der inneren Beschönigungen“:* Sie stehen am Ende beide mit einem eigenen Bild in der Hand da und manchmal sind diese Bilder so unterschiedlich, dass kaum noch nachzuvollziehen ist, dass hier derselbe Urlaub, dasselbe Vorhaben oder dieselbe Auseinandersetzung gemeint ist.

Echtzeit gelingt nicht immer, manchmal ist das auch gar nicht möglich, dann ist das Rendezvous der Herzen ein längerer Prozess. Wenn Ihr Mann bzw. Ihre Frau beispielsweise einen drohenden Konkurs oder eine Affäre aus dem Hinterzimmer hervorholt, dann dürfen Sie schon einmal nach der Kognakflasche greifen oder an die Decke gehen. Aber dann machen Sie die Flasche bitte wieder zu und kommen von da oben auch vorsichtig wieder herunter. Denn Sie sollten nicht vergessen, dass diese Dinge ans Licht kommen, weil sie zu Ihrem Mann bzw. Ihrer Frau gehören; sie sind Teil seines bzw. ihres Wesens und die Liebe pickt sich weder die Rosinen heraus noch läuft sie davon. Genau dafür ist der andere ja bei Ihnen – dass zu zweit geschafft werden kann, was alleine nicht bewältigbar ist. Denn Sie dürfen eines nicht vergessen: Die Situation, dass wir etwas vermeintlich Schwieriges von uns zeigen und dafür nicht bestraft werden, dabei nicht auf Desinteresse stoßen und dafür nicht die kalte Schulter gezeigt bekommen – diese Situation ist neu.

Es ist eine unserer Lebenstatsachen: Wir sind es nicht gewohnt, dass jemand kommt und uns in Liebe begegnet. Und dass dieser Jemand bleibt und sich an der Liebe auch nichts ändert, wenn wir unsere tiefsten Nöte, unsere dunkelsten Gefäße eröffnen, das ist wahrscheinlich die seltenste Erfahrung der Welt. Das ist aber genau die Erfahrung, die wir brauchen – denn nur eine neue Erfahrung löscht die alten Erfahrungen.

Dabei helfen Ihnen möglicherweise zwei Gedanken: Zum einen lässt sich das Öffnen des Hinterzimmers immer, ausnahmslos immer, als ein Erfolg für die Beziehung verstehen. Denn das Anvertrauen einer Schwäche spiegelt stets auch ein Ausmaß an Stabilität und Vertrauen wider, ohne dass sich der andere niemals offenbart hätte. Im Moment des Zeigens ist die Hoffnung auf Verständnis größer als die Angst vor Unverständnis; das ist nicht wenig und es ist ein Zeichen der Kraft der Beziehung, nicht von Schwäche. Zum anderen sollten Sie sich nicht täuschen lassen – was so kompliziert, angstvoll und womöglich anstrengend aus dem Hinterzimmer herauskommt, sind in Wirklichkeit Angebote zur gemeinsamen Weiterentwicklung.

Diese Angebote bestehen darin, dass wir fähig werden, Gefühle und Regungen ins Leben zu bringen, die wir bisher ins Hinterzimmer gebracht haben. Denn eines sollten Sie sich immer wieder klar machen: Im Hinterzimmer wohnt ja nicht Ihre private Version von Mr. Hyde, sondern all die Gefühle und Regungen, für die Sie als Kind keinen Platz gefunden haben, für die es aber in Ihrem Erwachsenenleben endlich einen geben könnte – und zwar in der Beziehung. Im Hinterzimmer wohnen so gesehen Ihre empfindlichsten und von Ihnen als zerbrechlich eingestuften Empfindungen und diese haben in jedem Fall einen besseren, helleren Raum verdient als das zwielichtige Zimmer der Altlasten und Kompensationen.

Beim Rendezvous der Herzen wird ein Schalter umgelegt: Aus dem „Ich-mache-es-allein" entwickelt sich ein „Wir-machen-es-zu-zweit". Und aus dem „Ich-brauche-Beruhigung" wird ein „Ich-brauche-Dich". Der Schlüssel dazu ist das Teilen und das beginnt immer mit dem Mitteilen. Da mag es Rückschläge geben, das sollten Sie einkalkulieren. Aber in Summe muss der, der sich öffnet, immer Verständnis und Herzlichkeit erwarten können, so schwer es auch fallen mag.

„Das will keiner, das interessiert niemanden", war das alte Programm. Liebende programmieren es beständig um und der Code dafür lautet: „Das will jemand. Das interessiert eine Menschenseele. Und zwar mich." Genau das ist die elementare Fähigkeit der Liebenden, dass sie ungelebte Seiten lebendig machen können und damit aus dem scheinbar Wertlosen glänzenden Schmuck.

Allerdings sind das sehr emotionale Zustände, die Wogen schlagen meistens hoch. Das sind keine wohligen Momente, die da auf ein Paar zukommen, es sind Momente des Sturms, in denen Wände eingeschlagen werden müssen und Mauern zusammenfallen, das ist immer wieder ein Kraftakt. Deshalb sind wir auch nicht immer begeistert, wenn so ein Moment auf uns zurollt. Wir wissen instinktiv, jetzt wird es anstrengend. Jetzt wird meine Frau/mein Mann ausrasten, wird toben, wird mir alles an den Kopf werfen, was ich nie hören wollte und womöglich auch nicht verdient habe, irgendwie auch nicht ändern kann. Es wird Schreierei geben und Vorwürfe, verbrannte Erde, man kann sie schon riechen, aber nicht verhindern. Und irgendwann will man dann wirklich nur weg! Und je entschlossener der eine weg will, umso mehr rastet der andere aus.

Für Paare ist es ganz, ganz wichtig, dass sie sich von der Höhe der Wellen nicht abschrecken lassen. Surfen Sie auf den Wellen, man kann Wellen reiten: Jeder emotionale Widerstand verläuft immer spiegelverkehrt zur Größe des Schmerzes, der angetan und empfunden wurde, vielleicht gibt Ihnen dieser Gedanke die Kraft und den Mut stehenzubleiben. Diese Stürme sind im Grunde Befragungen – wie weit gehst du mit mir? Wie sehr willst du mich? Schwer ist für Liebende kein Kriterium, stürmisch auch nicht. Es geht darum, was das Ergebnis ist, was dabei herauskommt, wie viel Liebe entsteht.

Wenn Sie und Ihr Mann bzw. Ihre Frau wieder einmal in einen Sturm geraten, dann warten Sie auf die klare Luft nach dem Regen. Bleiben Sie. Fragen Sie jetzt, versuchen Sie zu verstehen, worum es eigentlich geht. Nehmen Sie all Ihren Großmut, Ihre Großherzigkeit zusammen und schauen auf das Kind, das vorher noch alles zerstören wollte. Und jetzt, genau jetzt, braucht der Mensch neben Ihnen eine andere Erfahrung, eine neue Erfahrung. die das löscht, was aus ihm herausschreit. Sie brauchen jetzt so viel Liebe wie Sie nur irgendwie aufbringen können, denn jetzt sagt der geliebte Mensch Ihnen, was Sie wirklich für ihn tun können. Und wenn es die Liebe ermöglicht, dann tun Sie es. Dafür werden Sie geliebt, denn das hat der andere noch nicht erlebt. Das Bleiben wird dem anderen beweisen, wie liebenswert Sie ihn finden. Genau das Gefühl ist notwendig, daran fehlt es.

Manchmal kann man körperlich spüren, wie der andere seelisch verschwindet. Wortlos, streitlos, beziehungslos. Kurz vorher haben Sie wahrgenommen, dass es ihm nicht gutgeht. Sie fragen vielleicht: „Geht es Dir nicht gut?“, und als Antwort kommt – Sie wissen es vorher schon ganz genau: „Nein, warum fragst Du? Alles bestens!“ Das Gegenteil ist wahr. Er ist weg, emotional nicht mehr erreichbar. Vielleicht ist der Partner dann körperlich noch da, aber zwischen Ihnen und ihm ist ein Laptop, ein Fernseher, ein abweisender und abwesender Blick oder gar ein Zimmer, in das er sich zurückgezogen hat, oder das Gasthaus oder der Sport. Erster Versuch: „Ich weiß doch, da ist was." - „Ach, was Du immer hast. Lass mich und sag mir um Gottes Willen nicht, wie es mir geht." Zweiter Versuch: „Wollen wir spazieren gehen?" - „Nein, ich lese noch etwas." Sie spüren die Ablehnung fast körperlich und können nichts dagegen tun.

Lassen Sie sich nicht vertreiben. Bleiben Sie in der Nähe, da zieht sich jemand zurück, weil er noch nie die positive Erfahrung gemacht hat, dass er seine gefühlte Wertlosigkeit ungestraft mit jemandem teilen kann. Machen Sie keine Rechnung auf, Sie sind ein Erwachsener, der einem Kind gegenübersteht. Warten Sie. Laden Sie ein. Das ist das, was nötig ist, das ist der Stoff, aus dem die Liebe ist.

Die große Talentshow

Nach dem Rendezvous der Herzen fühlt es sich so an, als ob alle Fenster sich öffnen: Plötzlich ist alles frisch, voller Licht, es wird unheimlich viel Energie frei, und zwar die Energie, die bisher zur Unterdrückung all der dressierten Gefühle und für Beruhigungsstrategien benötigt wurde. Deshalb gibt es auf einmal so viel Kraft. Endlich können alle Gefühle ausgelebt und zugelassen werden, seien es Angst, Wut, Trauer oder auch Dankbarkeit, Mut und Lebensfreude. Das Gefühl, endlich vollständig sein zu können und sein zu dürfen, ist überwältigend – und beide Partner sind dann neu verliebt in den Mann bzw. die Frau an ihrer Seite, wenn dieses Ausmaß an Nähe und Verständnis erreicht ist.

Oft springt der Sex dann an, die Unternehmungslust kommt neu auf und es wimmelt nur so vor Plänen und Projekten. Manchmal so sehr, dass der Kopf sich ganz wirr anfühlt. Macht nichts, seien Sie wirr und durcheinander und dann fahren Sie mit dem Kamm Ihrer neuen Liebe kräftig durch. Sie sind ja jetzt zu zweit. Und damit haben die Verhaltensmuster und Angstzäune ausgedient, die Sie entwickelt haben, als Sie ein

Kind und allein waren – jetzt sind Sie erwachsen und ein Paar. Damit ist der Überlebensmodus vorbei. Sie schalten um auf Gestaltungsmodus. Zusammen mit dem Mann oder der Frau an Ihrer Seite.

In dieser Situation sorgt nun die Liebe dafür, dass daraus nicht wieder eine Solonummer wird. Die Liebe macht die Brücke vom „Ich“ zum „Wir“. Und zwar indem sie den hervortretenden Herzenswunsch des einen Partners mit dem Talent des anderen Partners verbindet. Das ist ein magischer Moment, so etwas wie die Erschaffung einer neuen Doppelhelix, aus der dann eine neue Wirklichkeit entsteht. Ein Herzenswunsch, den der eine (versteckt) mitgebracht hat, trifft auf Talente, die der andere (offen) mitgebracht hat. Dann gibt es eine Art Urknall neuen Verhaltens, einen Tag, ein Ereignis, wo diese beiden zu ersten Mal zusammenspielen und ein neues Verhalten entsteht. Eine neue Wirklichkeit. Das verborgene Talent trifft auf das offene Talent – das ist die „Talentshow“, aus der die Liebe ihre Dauer bekommt.

T. kam aus einem Elternhaus mit sechs Kindern – die Verhältnisse waren laut, wenig herzlich und bescheiden. Es gab Gewalt in vielen Formen, Schwäche wurde verachtet, es herrschte die permanente Nervosität vor einem seelischen Absturz, den die Eltern ausstrahlten. T. war das einzige Mädchen und die Jüngste – Schwäche war für sie tabu. Sie heiratete A., einen sehr warmherzigen, familiären und stabilen Mann, an dem manches langweilig, aber alles kraftvoll und solide war. Das war für ihn die natürlichste Sache der Welt, für T. ein Segen. Als ihre ständige berufliche Überforderung sie in einen Zusammenbruch mit schwerer Krankheit führte, kam die Ehe in eine dramatische Krise: In T. schrillten alle Alarmglocken, sie war sich sicher, dass sie jetzt verlassen werden würde, sie wurde aggressiv, laut, herrisch, kontrollsüchtig – all das, was sie von zuhause kannte und was sie gelernt hatte. A. blieb geduldig, ging nicht weg, sie redeten tage- und nächtelang. T. bewies Herzmut und fuhr mit ihrem Mann eines Tages in das kleine Dorf, in dem sie aufgewachsen war und das sie mit 17 fluchtartig hatte verlassen müssen – sie war schwanger, die Eltern hatten kein Erbarmen. Am Tag nach der Offenbarung war T. gesund, ihre Angst vor Schwäche verging mit der Zeit, sie lernte es sich besser einzuteilen, hörte auf, sich und ihren Körper zu überfordern und strahlte eine Ruhe und Kraft aus, die immer in ihr gewesen war – und am Ende übertraf sie darin sogar ihren Mann.

S. war der Sohn eines Bergbauern, dessen Vater Bergbauer war und dessen Vater auch. Der Junge wusste schon bald, dass er diese Kette durchbrechen würde, er wollte Architekt werden – er träumte davon, die Nachhaltigkeit im Bauen zu verankern. Er heiratete früh, eine Lehrerin aus demselben Dorf. Sie hatte keine Ahnung von Architektur und auch nicht von Ökologie, aber das musste sie auch nicht. Sie konnte seine Leidenschaft erkennen und an seinem Lachen sah sie, wenn er in seinem Beruf glücklich war. Und dieses Lachen machte sie glücklich.

Die ersten Jahre waren hart, praktisch lebten die beiden von ihrem Gehalt und einem kleinen Erbe, das sie verbrauchten, aber S. war gut in dem, was er tat und er wurde erfolgreich mit ökologischen und ästhetischen Bauten wie Bahnhöfen und Parkhäusern. Der Erfolg machte ihn immer hungriger nach weiterem Erfolg, er wurde laut und etwas angeberisch, seine Frau sah das mit Sorge, und diese Sorge wurde genährt von vielen Kleinigkeiten, die sich veränderten, nicht zu seinen oder ihrer beider Gunsten: Alkohol, Maßanzüge, seltsame neue Freunde, überteuerte Geschenke für sie und immer weniger Zeit füreinander. Sie wies ihn darauf hin, wie wenig ihr das bedeuten würde, wie sehr sie ihn vermisste, denn sie war eine durch und durch wahrhaftige Frau, „meine Heilige“, wie S, immer spottete. Eines Tages bekam S. das Angebot, sein kleines, feines eigenes Architekturbüro zu verkaufen und in ein internationales Architekturbüro als Partner einzusteigen. Nachhaltig war da nur noch sein immenser Verdienst, und als er seiner Frau stolz davon erzählte, schwieg sie, was ihn erboste. Er hatte Lob, Anerkennung und auch Sex erwartet, er trank die Champagnerflasche alleine leer.

Am nächsten Morgen nahm sie ihn fest in den Arm und erzählte von ihren Bedenken. Sie rief ihm den Mann in Erinnerung, der er einmal war, und die wunderbaren Gebäude, die er schon fertiggestellt hatte, und die alle etwas von den Bauernhöfen im Dorf seiner Kindheit hatten. Sie fragte ihn, warum er all das aufgeben wollte, warum da kein Stolz und keine Würde und keine Zufriedenheit in ihm war und ob er denn wüsste, wie dick und ungesund er inzwischen aussehen würde. Und sie erzählte ihm eine Geschichte, die er ihr am Anfang der Beziehung erzählt hatte: Er durfte schon als kleiner Junge immer mit seinem Vater auf dem Traktor mitfahren, auf dem kleinen Metallsitz seitlich neben dem Einstieg. Mit sieben Jahren ließ ihn der Vater das erste Mal allein fahren, auf der Wiese neben dem Bach, er musste stehen, um die Pedale zu erreichen und die Kante des Fahrersitzes schlug ihm schmerzhaft in den Rücken und die Hände konnten das rüttelnde Lenkrad kaum halten. Er wäre fast ins Wasser gefahren, aber der Vater riss das Steuer herum und lachte und er war der stolzeste Siebenjährige der Welt. Er fuhr von da an öfter und eines Tages fragte er den Vater, warum sie den kleinsten und ältesten Traktor im ganzen Dorf hatten. Der Vater antwortete mit einem Satz, den er niemals vergessen sollte: „Das ist der großartigste Traktor des Dorfes. Denn er ist der einzige Traktor, der einem Bauern gehört. Mir. Die anderen gehören alle der Bank."

S. sagte nichts und atmete tief den Duft ihrer Haut ein. Dann brach es aus ihm heraus, er bewies Herzmut: Dass er diese Schmach des kleinen Traktors nie überwinden konnte, dass Anerkennung und Bedeutung ihm über alles gehen würden. Sie redeten den ganzen Tag, schrien und stritten dabei, gingen auseinander und kamen wieder zusammen und ihr Talent der Klarheit und Einsicht strahlte mit jeder Stunde heller. Am Ende vertraute er sich ihrem Fühlen für ihn einfach an: Er sagte dem großen Architekturbüro ab. Das kleine Büro wurde danach immer größer, S. erlebte in den folgenden Jahren eine fast schon unerhörte Erfolgsserie, wurde gesuchter Berater und Interviewgeber und kaufte sich zum 55. Geburtstag einen alten Bauernhof; und seine Frau drückte ihm als Geschenk einen Schlüssel in die Hand, er war klein und ölig. Und er gehörte zu einem Traktor; einem kleinen.

Diese beiden Beispiele zeigen, wie in einer guten Beziehung auf jede Not immer ein Talent wartet – das ist wahrscheinlich eine der hoffnungsvollsten Aussichten, die es für Paare gibt. Wenn Sie das einmal nicht sehen können, dann schauen Sie genauer. Suchen sie weiter. Die Talente des anderen sind da. Und zwar für Sie.

Es ist allerdings oft so, dass man das eigene Talent nicht erkennt, man lebt schließlich schon so lange und so selbstverständlich damit, dass es einem gar nicht mehr auffällt. Das muss einem oft erst der Partner sagen. Nun muss nicht jedes Talent so genau passen wie das oben beschriebene. Aber Anteilnahme ist immer möglich, herzliche Anteilnahme, schließlich ist es ein Herzenswunsch des Partners – dafür kann man auch einmal auf ein Fußballspiel mitgehen (sie), nicht über Yoga spotten (er) oder genauer auf die Freuden des anderen achten (beide).

Wenn das Gefühl vorherrscht, dass die Freude nicht geteilt wird, und es immer heißt: mein Klettern, meine Berge, meine Arbeit und mein Operninteresse und mein Wissen und meine Sportlichkeit und mein guter Geschmack, dann ist es übrigens keine Herzensangelegenheit, dann ist es ein Machtmittel. Falsche Freude stiftet Trennung, echte Herzensfreude verbindet. Und wenn einer immer wieder seine Freuden anbietet, aber der Partner nicht interessiert ist und sich nicht daran beteiligen will, dann ist das nur das Vermeiden von Nähe und das Schaffen von Abstand.

Dieses Aufeinandertreffen des eigenen Herzenswunsches und des Talents des anderen, das dann wieder zum nächsten Herzenswunsch führt, der dann wiederum auf ein Talent trifft, schließt den Abstand zwischen dem Paar wie ein Reißverschluss. Dieses Ineinandergreifen von „Brauchen" und „Können" beginnt mit einer Erfahrung, sie weitet sich dann im Laufe der Beziehung immer weiter aus, auf Beruf, Kinder, auf das ganze Leben der beiden.

Das Reißverschlussprinzip ist der Grund, warum Liebende sich nach langen Jahren so nahe sind: Das ist eben nicht nur der Gewohnheit geschuldet und den sandgestrahlten Verhaltensweisen, an denen keine Ecke und keine Kante mehr übrig ist. Es ist bei guten Paaren eine echte Nähe und wenn man genau hinsieht, dann erkennt man, dass der Reißverschluss präzise an der Naht entlangläuft, die zwischen Nehmerherz und Geberherz verläuft.

Es gehört deshalb auch zu den größten Verfehlungen in einer Partnerschaft, wenn die angebotenen Talente nicht integriert und zu den eigenen gemacht, sondern nur konsumiert werden. Das ist Ausnutzen, das ist Bequemlichkeit. Es ist nicht die Idee des Lebens, dass Sie Trittbrett fahren auf den Fähigkeiten des anderen, sondern dass Sie diese zu den eigenen machen – sie sind ja in Ihnen angelegt, Sie können sie quasi verdoppeln.

Die Themen der Geschlechter

Die Liebe ist eine Sache zwischen Mann und Frau – und damit sind wir bei den Unterschieden zwischen den Geschlechtern angekommen. Es gibt sie und es wird sie immer geben. Eine Geschichte des Kolumnisten Axel Hacke über ein Experiment mit seinen Kindern illustriert das gut: Er gab seinem Sohn eine Puppe und seiner Tochter einige Autos zum Spielen. Als er nach einiger Zeit ins Kinderzimmer schielte, sah er seinen Sohn die Puppe mit einem lauten Schrei in einen zum Tor umfunktionierten Schuhkarton schießen, während seine Tochter die Autos in Decken gewickelt hatte und ihnen leise ein Schlaflied sang.

Was moderne Paare wissen müssen, ist, dass Frauen und Männer ihren Liebeswert auf unterschiedliche Art und Weise aufbauen, weil sie einen unterschiedlichen Code dafür besitzen, was sie glücklich macht und wodurch sie sich in ihrem innersten Wesen geliebt fühlen. Es ist ein Code der Geschlechter, der wesentlich für unser Mannsein und unser Frausein ist – und den es in einer Partnerschaft deshalb auch zu beachten gilt:

1. Frauen wollen gefallen
2. Männer wollen imponieren

Sieht gut aus: Frauenthema Schönheit

Eine der ältesten griechischen Sagen beschreibt den Wettstreit der drei Göttinnen Aphrodite, Athene und Hera um den Titel der schönsten Frau. Weil sie sich nicht einigen konnten und in heftigen Streit gerieten, baten sie den jungen Paris um die Entscheidung. Sie versprachen ihm, dass er keine Angst haben müsse, sie würden seine Entscheidung auf jeden Fall akzeptieren. Das war natürlich bestenfalls die halbe Wahrheit und wie sich am Ende herausstellen sollte, eine glatte Lüge, denn jede von ihnen versuchte im Vorfeld, Paris zu beeinflussen:

- Hera versprach ihm Macht und Reichtum.
- Athene versprach ihm Klugheit.
- Aphrodite versprach ihm die Liebe einer schönen Frau.

Paris zögerte keine Sekunde – und entschied sich für Aphrodite. Noch in derselben Sekunde verfluchte ihn Hera auf ewig und Athene war dermaßen außer sich, dass sie beschloss, Paris, seine gesamte Familie und die Stadt zu vernichten, in der sie lebte. So begann der Trojanische Krieg. Die Geschichte ist in mehrfacher Hinsicht bemerkenswert, denn sie erzählt zunächst einmal in seltener Schönheit von der Liebessehnsucht und der Liebesfähigkeit der Männer, das soll an dieser Stelle einmal festgehalten werden. Und auch, dass Paris und die schöne Helena für den Rest ihres Lebens ein Paar bleiben werden, über den Krieg hinweg in Liebe verbunden. Vor allem aber erzählt die Geschichte von der Bedeutung, welche die Schönheit für die Frauen hat. Und zwar inklusive der ständigen Konkurrenz, in der sich Frauen deswegen mit anderen Frauen befinden und an der keine Emanzipation und keine rationale Beschwichtigung je etwas geändert hat.

Frauen wollen gefallen, es ist ihr Wesen. Mädchen kommen mit dieser unbändigen Lust auf die Welt, manche sagen „sssssssööön“ noch bevor sie „Mama“ sagen können und sie lieben es, sich zu verkleiden und die hübsche Prinzessin zu sein. Und das ist gut so. Es ist der Code der Frauen.

Dieser Code ist Teil des weiblichen Wesens, wir sollten ihn verstehen und vor allem sollten wir ihn achten, anstatt ihn zu denunzieren. Frauen bringen die Schönheit in die Welt, das meint nicht nur glänzende Haare und gepflegte Haut, schicke Handtaschen und einen Schrank voller Schuhe. Es meint auch Schönheit als Lebensform, es meint Proportion und Geschmack, Harmonie und Umgang mit allem Schönen. Wenn Frauen dagegen verstoßen, dann spüren sie das.

Wer gefallen möchte und weiß, dass dies zu seinem Wesen gehören würde, der hat eine große Angst – nicht zu gefallen. Diese Angst ist die Angst aller Frauen. Dieses „Schönheitsego" ist die hässliche Seite der Schönheit – Frauen sind niemals zufrieden mit sich und ihrem Aussehen und es ist dieses Schönheitsego, das den Liebeswert von Frauen meist weit unten hält. Damit wir uns nicht missverstehen: Frauen geht es hier nicht um ihre äußere Schönheit im Sinne ihrer Erscheinungsform. Sie fühlen sich im Inneren nicht liebenswert, versuchen aber, mit ihrer äußeren Erscheinung dagegen anzugehen. Das gelingt natürlich niemals und sorgt für viele peinliche Auftritte, Stunden im Bad und den ewigen Kampf um das Gewicht, aber dafür brauchen vor allem Mädchen und junge Frauen nicht die Häme ihrer Umgebung, sondern die richtigen Erklärungen und Reaktionen vor allem der Mütter.

Denn die Frage des Gefallens ist für Frauen so essentiell dass sie darauf eine Antwort brauchen. Sie können das Thema nicht ignorieren und dieses Buch macht sich dafür stark, dass Frauen das auch nicht mehr versuchen. Selbst Göttinnen wollen schön sein, erzählt uns die Geschichte vom Anfang dieses Kapitels, das sollte Ihnen ein Trost sein. Und die Geschichte gibt auch die Antwort auf die Frage, wem Frauen ihre Schönheit eigentlich zeigen wollen – sich und ihrem Mann. Es sind nicht die Kolleginnen, es sind auch nicht die vielen Männer da draußen, es ist nicht das Büro und auch nicht die Chefredakteurin der Vogue, für die Frauen schön sein wollen: Es sind sie selbst und der Mann, den sie lieben. Die Schönheit einer Frau ist ihr persönlicher Schatz, sie trägt ihn mit sich und öffnet ihn nur für den Mann, den sie liebt und der sie liebt. Alle Männer, die einmal mit einer Frau tief verbunden waren, können davon erzählen – dass sie ihre Frau in diesem Moment ansahen, indem die Frau fühlte, wie sehr sie geliebt wird und dass diese Frau mit einem Schlag schön war, unendlich schön. Der schon fast zu Tode zitierte Satz, dass die wahre Schönheit von innen kommt – er stimmt. Sie kommt von Herzen.

Zur wahren Liebe gehört es deshalb, den Code der Geschlechter in die Beziehung zu integrieren. Im Falle des Schönheitsegos bedeutet es, dass alle Männer, also die Freunde, Lebensgefährten, Lebensabschnittspartner und Ehemänner, die an der Seite einer Frau leben, diese Sehnsucht nach Schönheit achten. Nicht belächeln, nicht ausnutzen, nicht geringschätzen – achten. Und dann fangen sie an, sich für die Schönheit ihrer Frau verantwortlich zu fühlen. Ein Mann, der seine Frau liebt

- Nimmt sie von oben bis unten wahr.
- Begehrt sie.
- Sagt ihr, wie schön sie ist.
- Bietet den Sex, den sie will.
- Bemerkt jede Veränderung an ihr, eine neue Frisur aber auf jeden Fall.
- Weiß, was ihr nicht steht und hält sie davon ab.
- verhindert jede Schönheits-OP.
- Bringt sie davon ab, eine andere sein zu wollen, als sie ist.
- Schenkt ihr schöne Dinge, aber vor allem Dinge für ihre Schönheit: Kleider, die ihr stehen, das Parfum, das einfach nur sie ist, Schmuck, den sie am liebsten trägt, ein Kleid, das sie sich selbst nicht zutraut.

Was dann passiert, ist für jede Frau eine Heilung: Sie will nicht mehr für den Spiegel schön sein, nicht mehr für die anderen Frauen und auch nicht für andere Männer – sie will für sich und ihren Mann schön sein. Das ist eine solche Befriedung, dass eine Frau, die geliebt wird, die wirklich einen Mann an ihrer Seite hat, leicht zu erkennen ist: Sie ist schön, auf ihre eigene Art strahlend schön. Und sie ist in ihrer Beziehung immer schöner geworden, immer lebendiger und attraktiver. Und diese Schönheit ist authentisch und erwachsen. Und der, der sie nie übersieht und sich geradezu diebisch darüber freut:

Das ist ihr Mann.

Mann, oh Mann: Männerthema Wirkung

Der Code der Männer ist ein ganz anderer, aber er ist nicht weniger mächtig und lebensbestimmend als jener der Frauen. Und er betrifft in der einen oder anderen Form auch jeden Mann. Der Code der Männer für ihr Leben und ihr Lieben lautet: Männer wollen imponieren. Um allen Missverständnissen vorzubeugen: Das hat nur vermeintlich mit Angeben und dem Porsche-Schlüssel oder einem Silberclip mit vielen Geldscheinen zu tun, mit strammen Muskeln und einer Sammlung viel zu junger und viel zu blonder Frauen. Es wird sich in diesem Kapitel zeigen, dass dies nur die falschen Formen des männlichen Codes sind, die nichts anderes beschreiben als die Unfähigkeit eines Mannes, irgendjemandem zu imponieren; schon gar nicht, und auch das ist wichtig, sich selbst.

Der lateinische Ursprung des Wortes „imponieren" gibt den entscheidenden Hinweis darauf, worum es den Männern wirklich geht und was sie für ihr Leben und ihr Lieben brauchen: „Impōnere" heisst *hineinsetzen, hineinlegen* und der Kern dieses Wortes ist „ponere" – *wiegen, ein Gewicht haben, ein Gewicht geben.*

Männer wollen ihre Talente in der Welt sehen, sie brauchen eine Spur, einen Fingerabdruck von sich auf der großen Leinwand, die das Leben ist. Das Werkzeug dafür sind die individuellen Fähigkeiten eines Mannes, seine Begabungen – für sie sucht er einen Platz in der Welt und falls er Astronaut oder Entdecker werden will auch im Weltall. Dieser Anspruch ist ein großer, denn potenziell ist damit jeder Mann ein Weltveränderer und im besten Fall ist er damit immer auch ein Weltverbesserer, selbst wenn diese Welt nur seine Familie, sein Dorf bzw. seine Firma und seine

80 Jahre Lebenszeit umfasst. Und das zentrale Feld, auf dem Männer ihre Wirkmacht erproben, ist der Beruf bzw. die berufliche Tätigkeit[4].

Der Beruf ist daher für Männer ein absolut unverzichtbarer Bestandteil ihrer inneren Entwicklung, es ist der Herstellungsort ihres gefühlten Gewichts und es ist für sie nicht anders möglich, „ein Gewicht in der Welt zu haben". Dazu kurz eine Anmerkung: Es ist zu vermuten, dass dieser Umstand auch die Grenze von Quote & Co bilden wird: Männer werden dem Beruf immer mehr Bedeutung beimessen als Frauen, sie werden dafür größere Opfer bringen und sie werden stärker die Grenzen ausloten – denn Erfolg und Karriere haben für sie eine ungleich größere Bedeutung als für Frauen. Das ist in seiner gesunden Form ein echtes Talent und eine große Leidenschaft. Die ungesunden Formen wie Ausbeutung, Gier und Unterdrückung sind damit ausdrücklich nicht gemeint, das sind Mangelzustände und es wird der Beitrag der Frauen zum Berufsleben sein, den Männern dort herauszuhelfen und damit unserem Berufsleben eine ganz neue Qualität zu geben. Aus diesem Drang nach Veränderung der Welt kommt daher auch der Kern der typisch männlichen Eigenschaften:

- Männer tun etwas. Gibt es ein Problem, suchen sie sofort die Lösung.
- Männer stehen im Wettbewerb; alles ist für sie Wettbewerb.
- Männer wollen Ordnung und Regeln, sie können sonst schwer agieren.
- Männer bewundern Größe, Tempo und Kraft. Es sind für sie die besten Mittel, um eine Spur in der Welt zu hinterlassen.
- Männer lieben Technik, weil durch sie Größe, Tempo und Kraft entsteht.
- Männer neigen zur Individualität, so wie Frauen zur Gruppe neigen. Denn es geht um ihr individuelles Talent, das in die Welt soll; „Helden" sind immer männlich.

---

4 Es geht um die Verwirklichung der eigenen Talente. Das ist hier mit Arbeit und Beruf gemeint und selbstverständlich zählen dazu auch künstlerische, wohltätige oder gemeinnützige Arbeit.

Der große Anspruch an die Gestaltung der Welt gibt Männern enorme Kraft, es macht sie zu Abenteurern und Entdeckern, zu Neugierigen und Wagemutigen, zu erfolgreichen Managern, schillernden Gründern und bewegenden Kreativen. Aber in der Regel kämpfen Männer auch mit diesem Anspruch. Denn diese noble Mission hat eine mit Stacheldraht und Nägeln bewehrte Kehrseite, einen tiefschwarzen Mantel, der alle Männer mehr oder weniger immer wieder umweht – die Angst zu versagen. Die Versagensangst ist das Pendant zum Schönheitsego der Frauen, es ist ein ständiges Fragezeichen für Männer, ob das, was sie da tun, auch genug ist, ob es gut ist und ob sie persönlich in Summe denn gut genug sind.

Und dieser Anspruch an sich selbst ist es auch, der darüber entscheidet, ob ein Mann sich in seinem Leben und Lieben wohlfühlen kann oder sich vermindert fühlt. Männer verfügen nämlich über ein untrügliches Gespür dafür, ob sie imponieren oder nicht. Die Erben, die nichts tun, Männer, die weit unter ihren Möglichkeiten agieren, Couch-Potatoes, die nicht einmal mehr an Leistung denken – sie alle wissen irgendwo in sich um diese Wahrheit und sie leiden an ihr. Denn egal wie viel Geld sie haben, wie hoch ihr Gehalt ist und wie viele Leute wissen, wozu sie eigentlich fähig sind. Jeder Mann kennt das Gewicht seiner Fähigkeiten auf Gramm und Milligramm genau, und er weiß, wie groß sein Abdruck in der Welt sein müsste. Allerdings gehen Männer mit dieser Wahrheit sehr unterschiedlich um und dieser Umgang hängt von der ersten Instanz ab, der jeder Mann imponieren will: dem eigenen Vater.

Wenn Männer sich nicht imposant fühlen, dann trifft sie das ebenso ins Mark wie Frauen, die sich nicht schön fühlen. Sie versuchen dann sofort ihren Wert hochzuschrauben und zwar mit Dingen, von denen sie wissen, dass sie gemeinhin der Welt imponieren. Das tiefergelegte und verbreiterte Auto ist dafür nur das plakativste Beispiel, jedes Protzen und Angeben gehört dazu, und auch das Zeigen der „Trophee Women" ist eine dieser Prothesen, mit denen nicht sehr imposante Männer imposant wirken wollen. Nicht so sehr, weil sie alle Angeber wären, nicht weil das ein archaisches Balzverhalten simulieren soll, sondern weil da einer verzweifelt nichts Imposantes an sich entdecken kann und hofft, dass das niemand bemerken möge.

Nun ist es so, dass die meisten Berufssituationen nicht geeignet sind, irgendjemandem zu imponieren. Männer behelfen sich damit, dass sie etwa große Firmen als Arbeitgeber bevorzugen – lieber stellvertretender Projektmanager-Assistentenassistent bei Mercedes oder Apple, bei Danone oder Unilever, lieber irgendetwas bei der Bundesregierung oder der Allianz, als tatsächlich Mitbegründer oder Abteilungsleiter der Firma Niegehört. Und all die Spielchen um das Eckbüro, das Firmenhandy und den reservierten Parkplatz sind eben nicht der Eitelkeit und dem Testosteron geschuldet, sondern der Suche nach einem Abdruck in der Welt.

Zum Code der Männer gehört, dass die ganz eigenen Talente gemeint sind, also die am Herzen liegenden Fähigkeiten und nicht die aufgezwungenen oder die selbst aufgestülpten. Das ist ein zentraler Punkt: So wie ein Mann weiß, ob er wirklich imponiert, so weiß er auch, ob das wirklich „er" ist, ob das wirklich seine Herzensangelegenheit ist oder nur die Komfortzone oder das Ergebnis eines Elternwunsches oder das Resultat von Versagensangst. Gerade der letzte Punkt ist oft der wirkliche Hintergrund für die Berufswege von Männern, das lässt sich gut in den Schulen beobachten – am immer gleichen kurzen Gespräch der Jungen, die vor dem Ende ihrer Schulzeit stehen. Sie haben fast immer einen Traumberuf („Also ich würde am liebsten Sporttrainer/Gärtner/Autor werden.") und einen Angstberuf („Da verdient man aber nichts, also studiere ich Jus/BWL/irgendwas mit Computern, Hauptsache sicher und du hast echt Kohle!")

Die Partnerschaft ist der Ort, wo Männer aus ihrer Versagensangst herauskommen können – und zwar mit ihrer Frau. In allen guten Partnerschaften tragen die Frauen dafür Sorge, dass ihr Mann in seine Talente und damit in seine Kraft kommt, sie schauen nicht nur einfach zu. Eine Frau, die ihren Mann liebt

- ist mit den beruflichen Umständen ihres Mannes vertraut: Firma, Einkommen, Perspektiven.
- weiß um die Talente ihres Mannes und das, was ihn glücklich und erfüllt sein lässt.
- gibt regelmäßig Lob und Anerkennung für das, was er kann.
- hilft ihm, sich und sein Talent richtig einzuschätzen und realistische Ziele zu formulieren.
- duldet keine Bevorzugung der Arbeit vor der Familie und vor der Liebe.
- trägt Aufbaujahre und Durststrecken mit.
- verbietet jeden Betrug, illegale Machenschaften und Korruption.
- ist stolz auf ihren Mann und lässt ihn das wissen.

Die Fragen, die dahinterstehen, lauten: Weiß mein Mann, was er als Mann wirklich sein möchte? Weiß ich als seine Frau es besser, kann ich sehen, wonach er sich immer gesehnt hat, was er sich von ganzem Herzen wünscht? Fordere ich ihn, fördere ich ihn?

Ein geliebter Mann ist so gesehen immer leicht zu erkennen: Sein echtes Talent ist in der Welt. Er tut dann etwas, was er von Herzen gern macht – und er wird es deshalb immer auch erfolgreich tun. Er wird dafür Anerkennung bekommen und Erfolg haben, denn der Erfolg folgt niemandem so verlässlich wie einem Herzenswunsch. Unter diesen Bedingungen liebt ein Mann seinen Beruf und nur eine Sache mehr als diesen: Die Frau, die ihm diesen mit ihrem Herzen erst ermöglicht hat.

Es gibt viele Theorien, warum Männer und Frauen als Geschlechter genau das sind, was sie sind; so gleich und gleichzeitig so anders und dann doch über ihre Existenz ganze Leben hinweg miteinander verwoben als Stoff, aus dem das Leben ist. Eine besonders schöne Antwort auf diese Architektur lautet, dass die fundamentale Ungleichheit zwischen Mann und Frau unserer Erfüllung dient. Wir sind alle Unsichere und Unvollständige auf der Welt, aber wir tragen alle eine Ahnung unserer Vollständigkeit in uns, eine Erinnerung an das mystische Paradies, aus dem wir vertrieben worden sind. Und jedes Geschlecht sucht auf seine Art eine die Antwort auf diesen Verlust, sucht seine Art von Trost.

Die Frauen, indem sie die Schönheit pflegen, als Echo, das täglich und für alle sichtbar die Erinnerung an die Schönheit von Eden am Leben hält. Und die Männer, indem sie das Paradies wieder aufbauen wollen, mit ihren Initiativen, Ideen und imponierenden Taten.

Und genau deshalb können die beiden von ihrem jeweiligen Tun nicht lassen. Jedenfalls so lange nicht, bis wir es wieder haben, das Paradies.

Aussichtsreich: meine Vision, unsere Vision

Eine der schönsten Eigenschaften der Liebe ist ihre Fähigkeit, Unmögliches möglich zu machen. Das vorher beschriebene Zusammenspiel der Talente im Reißverschlussprinzip gehört sicher dazu, wahrscheinlich geht sogar ein Großteil der Wunder dieser Welt auf das Konto der Liebe, mit ziemlicher Sicherheit aber auch der größte Teil des Lebensglücks, das von uns Menschen erlebt wird. Es gibt ein gutes Werkzeug für dieses Lebensglück, und nicht einmal ein sehr kompliziertes. Es ist eines, das in keinem Werkzeugkasten der Liebe fehlen darf – und das sind die Visionen.

Eine Vision ist wie ein Stern, der Ihnen den Weg weist, eine Kompassnadel, die präzise in die richtige Richtung weist. Die Basis jeder Vision ist die Frage: Wer will ich sein? In einem Jahr, in fünf Jahren, in fünfzehn Jahren? Was soll sich ereignet haben, was will ich unbedingt erreichen, tun und schaffen? Was würde Sie glücklich lächeln lassen, mit dieser feinen Linie der Lippen, die ein untrügliches Kennzeichen des tiefen Glücks ist?

Visionen sind die Summe unserer Herzenswünsche: Sie sind die Anliegen, die wir nicht unerledigt lassen wollen, wenn unser Leben vollständig gewesen sein soll. Mit dreißig Jahren sind unsere Visionen noch eher grob gemustert, aber je mehr Leben und Lebenserfahrung dazukommen, umso feiner und herznäher können wir benennen, wer wir wirklich sein wollen. Das Kennzeichen einer Vision ist übrigens nicht, dass sie utopisch oder märchenhaft klingt, sondern im Gegenteil: Eine echte Lebensvision ist immer lebensnah, also realisierbar und konkret. Vor allem letztere Eigenschaft wird unterschätzt, und für Paare spielt sie eine ganz besondere Rolle. Denn Sie müssen sich über Ihre Herzenswünsche und die daraus entstehenden Visionen konkret unterhalten können. Es ist gefährlich, von Träumen zu sprechen, von allgemein gehaltenen Vorstellungen und Phantasien, denn das bringt Frust und das Gefühl der Unerreichbarkeit mit sich. Die Erfüllbarkeit muss für das Paar möglich sein. Dann macht es sich auf den Weg.

In der Partnerschaft müssen wir unterscheiden zwischen den persönlichen Visionen und den gemeinsamen Visionen als Paar.

Es ist gar nicht so leicht, eine Vision zu entwickeln, also eine echte Sternenbahn, auf der Sie sich bewegen können. Es geht etwas leichter, wenn Sie ein Dreieck zuhilfe nehmen, nämlich die drei Ebenen, die ein Leben im Normalfall definieren:

1. Beruf und Karriere
2. Kinder und Familie
3. Liebe und Partnerschaft

In diesem Dreieck sind drei Ebenen von Visionen verborgen. „Beruf und Karriere“ ist immer eine sehr persönliche Vision. Die müssen Sie nicht mit Ihrer Frau/Ihrem Mann teilen. Ins Büro, zum Studieren, auf Geschäftsreise werden Sie nicht zu zweit gehen, da wollen und sollen Sie ganz Sie selbst sein. Auch beim Thema „Kinder und Familie“ kann sich ein Paar auf unterschiedlichen Ebenen bewegen – statt offener Streits und versteckter Sabotageakte kann es durchaus das geben, was in der Diplomatensprache „We agree to disagree“ heisst. Natürlich kann man unterschiedlicher Meinung darüber sein, ob es ein zweites Kind geben soll. Und ebenso können Sie eine eigene Vorstellung darüber entwickeln, wie Sie als Vater oder Mutter sein wollen, es muss nicht die Vorstellung Ihres Partners sein.

Entwickeln Sie Ihre konkrete persönliche Vision in Bezug auf Familie/Kinder und Beruf/Karriere: Was möchten Sie erreichen? Wollen Sie erfolgreich sein? Wollen Sie eine bestimmte Position? Wollen Sie ein Kind oder mehrere? Wollen Sie einmal im Ausland leben oder eine Doktorarbeit schreiben? Wie wollen Sie alt werden, wollen Sie in einer Alters-WG leben? Soll Kunst um Sie sein, Stille oder Aktivität, Natur oder Stadt? Kochen Sie viel, reiten Sie womöglich oder sind viel in Bergen oder lieber am Meer? Denken Sie so konkret, wie es Ihnen nur möglich ist, Visionen lieben das. Im besten Fall sind Ihre Gedanken fast schon eine Handlungsanweisung.

Halten Sie zunächst Ihre eigenen Visionen schriftlich fest, sie passen im Normalfall gut auf eine Seite Ihres Timers, in die Sprachmemos Ihres Smartphones oder ins Tagebuch. Und Sie werden feststellen, dass Visionen eine magische Wirkung entfalten – wenn sie gedacht, ausgesprochen und niedergeschrieben sind, dann beginnen sie unmerklich näherzukommen. Sie haben eine gestalterische Kraft, die einen staunen lässt, sie sind damit der Liebe nicht unähnlich.

Und dann fragen Sie sich, wie viel Sie über die persönlichen Visionen Ihrer Frau/Ihres Mannes wissen. Versuchen Sie ohne nachzufragen aufzuschreiben, was Ihre Partnerin/Ihr Partner in seinem Leben verwirklicht haben möchte. Und dann freuen Sie sich auf ein offenes, mutiges Gespräch über Ihre persönlichen Herzenswünsche.

Die Inhalte der persönlichen Visionen sind in einer Partnerschaft nicht verhandelbar. Ihre Herzenswünsche sind die Inhalte Ihres Lebens und sie wollen und sollen Wirklichkeit werden. Das sind Sie. Es kann zwischen Mann und Frau beispielsweise keinen Kompromiss über die Frage geben, ob sie eine Familie haben wollen oder nicht. Denn was wäre das dann – ein halbes Kind? Die Inhalte der jeweils persönlichen Visionen sind in einer Partnerschaft nicht verhandelbar, das stimmt – aber sie sind umsetzbar. Beziehungen sind das Mittel, unsere eigenen Visionen Wirklichkeit werden zu lassen. Gute Partnerschaften bringen uns unseren Herzenswünschen immer näher, weniger gute tun das nicht und sie fühlen sich aus diesem Grund auf Dauer auch genauso an – wie weniger gute Partnerschaften. An der Umsetzung der Herzenswünsche ist die Liebe gut zu messen und gut zu besprechen: Bringt sie mich meinen Herzenswünschen näher, werden sie Wirklichkeit?

Eine echte gemeinsame Vision muss es aber geben, nämlich in der Liebe. Das muss für Paare die Schnittmenge sein, von diesem gemeinsamen Herzenswunsch geht die Energie aus, die jeder braucht. Hier muss die Kraft, Unterstützung und Liebe herkommen, um auch die eigenen und unabhängigen Herzenswünsche zu verwirklichen.

Deshalb sind Sie auch für Partnerschaften so wichtig: Ein Paar sollte eine gemeinsame Vision haben, die den Kopf und das Herz nach vorne richtet. Wenn beide auf Basis ihrer eigenen Visionen eine gemeinsame Vision entwickeln können, dann strahlt ihr Stern besonders hell. Denn eine der schlüssigsten *Liebeserklärungen* lautet wohl: Ein Paar, das viel Vision hat, hat auch viel Liebe.

Das hat für die Beziehung eine weitreichende Konsequenz: Liebende müssen ihre jeweiligen Visionen kennen. Das letzte, was im Hinterzimmer wohnen darf, ist ihr Stern. Aus den einzelnen Visionen entwickeln sie eine gemeinsame Vision – man kann ja nicht einfach zwei Visionen nebeneinander leben; Parallelen treffen sich bekanntlich erst in der Unendlichkeit. Der Partner hat daher eine ganz spezifische Rolle: Liebende sind für den Mann bzw. die Frau an ihrer Seite die Begleiter und Verwirklicher, sie wissen so viel vom Partner und seinen Ideen, Vorhaben und Tätigkeiten, dass sie immer sein Berater und seine Korrektur sein können.

In der Liebe ist Ihr Mann bzw. Ihre Frau immer Förderer und Forderer Ihrer Visionen, niemals Zerstörer. Liebende pflegen den Stern, dem sie folgen – und eines Tages merken sie, dass sie selbst dieser Stern sind.

4

LIEBESLEBEN

Ohne Unterschied: Leben und lieben

Es spricht viel dafür, dass die gut Liebenden auch die gut Lebenden sind. Das „Ich“ ist begrenzt, am meisten durch Angst und die inneren Decken und Knoten, die in diesem Buch die „Dressur der Gefühle“ genannt wurden. Der Schatz der Liebe besteht darin, dass, seit es Menschen gibt, sie die einzige, auf jeden Fall die beste Methode ist, um diese Grenzen aufzuheben und diese Knoten zu lösen. Wenn wir verliebt sind, spüren wir das. Wenn wir lieben, leben wir das.

Wir alle beginnen die Liebe als „Ich“, aber wenn wir sie erreichen, dann entsteht ein „Wir“, dann haben sich die beiden am Buchanfang beschriebenen Halbkugeln des Platon verbunden und es kommt ein Leben ins Rollen, bei dem es eigentlich keine Freude mehr am Alleinsein gibt.

Das beste Merkmal von Paaren in Liebe ist daher auch der Umstand, dass der Gedanke an Trennung verschwunden ist. Die Liebenden müssen ihn sich nicht verbieten, er ist einfach nicht mehr als relevante Option da. Diese zwei gehen dann auch nicht mehr auseinander, wenn es Streit gibt oder eng wird, sie tun das genaue Gegenteil. „Ich“ geht auseinander, „Wir“ rückt zusammen. Es gibt bei vielen modernen Paaren die Überzeugung, dass sie sich erst einmal reparieren und quasi „richtig machen“ müssen, bevor sie lieben dürfen und lieben können. Es herrscht die Vorstellung, dass man erst einmal bei sich aufräumen und Ordnung schaffen muss, bevor man fähig für die Liebe ist. Erst einmal, so die dazugehörige Idee, muss jeder seine „Hausaufgaben“ machen, dann wird man sozusagen in die Liebes-Klasse versetzt, von wem auch immer. Und woher auch immer diese Idee kommen mag – sie ist falsch.

Unsere großen, über Wachstum und Stagnation entscheidenden Lebensthemen entwickeln und lösen wir nur mit dem anderen, durch den anderen und an der Seite des anderen. Die Wahrheit ist: Wir sind Beziehungsmenschen und haben letztendlich wenig Zugriff auf die Neuordnung unserer inneren Bruchstellen, wenn wir uns dort alleine versuchen. Unsere Angst, unser Zögern, unsere Schmerzvermeidung werden im Zweifel immer die Oberhand behalten; unsere ganze emotionale Schwerkraft wird uns am Sprung über unseren Schatten hindern. Wir wollen im Laufe unseres Lebens immer wieder und immer stärker aus den Mustern und Ängsten heraus, die uns beherrschen. Aber wir springen nur für einen Mann bzw. ein Frau, die wir lieben.

Liebenden gelingt daher auch immer wieder, was sonst nur einmal geschieht – sie verlieben sich immer wieder neu in den anderen. Das kann in den großen Momenten geschehen, wenn einem der Partner etwas Besonderes gelungen ist, aber viel öfter passiert es in den ganz kleinen Augenblicken: Wenn man etwa auf eine Frage keine Antwort bekommt und sieht, dass der Mann bzw. die Frau, die man liebt, gerade eingeschlafen ist, vielleicht auf dem Sofa, im Stuhl vielleicht oder am Strand. Und dann rollt es wieder durch einen durch, dieses Gefühl unendlicher Zuneigung, aus heiterem Himmel, herztief.

Das beantwortet auch die Frage, was sich denn ändert, wenn man wirklich in Liebe lebt – woran merkt man es? Und wie fühlt es sich an? Die Antwort lautet: Es ändert sich genau gar nichts. Sie haben immer noch zwei Beine und einen Kopf, Sie sind über Nacht weder größer noch schöner oder klüger geworden und es gelten auch immer noch die aktuellen Steuergesetze und Vorfahrtsregeln für Sie. Und es ändert sich alles. Denn die Liebe schmückt das Leben nicht mit einzelnen Highlights, sie ist das Highlight. Sie ist plötzlich überall, durchzieht und verwandelt jeden Teil Ihres Lebens, sie dehnt sich in jeden Winkel Ihrer Tage und Nächte hinein und färbt jede Stunde, Minute, Sekunde in einer neuen Farbe. Deshalb ist die Liebe auch so groß – weil sie in jeder Kleinigkeit anzutreffen ist.

Die Worte „*lieben*“ und „*leben*“ sind fast identisch. Nur ein kleiner Buchstabe trennt sie, noch dazu ist es der kleinste und schmalste Buchstabe von allen; man könnte es fast übersehen, dieses „i“.

Der Höhepunkt: Sex mit Herz

Das offensichtlichste und vielleicht zentrale Wir-Thema eines Paares ist der Sex. Sex ist ein fast perfekter Spiegel für eine Beziehung, er erzählt alles über Liebende, im Guten wie im Schlechten – Körper lügen nicht. Und zwar genau deshalb, weil Sex gar nicht so sehr das Zusammenspiel von zwei Körpern darstellt, sondern das Zusammenspiel von zwei Herzen Sex ist nur die Sprache, in der sich diese unterhalten – und wenn wir einmal von kurzfristigen Phasen der Lustlosigkeit absehen, zum Beispiel nach Trauerfällen oder Operationen, dann haben Liebende auch Lust aufeinander. Es sind noch nirgendwo Berichte von Verliebten aufgetaucht, die Sexprobleme hatten oder zu wenig Sex und schon gar nicht langweiligen Sex.

Lust auf Sex ist also vor allem Lust auf den anderen Menschen, es ist Lust auf Nähe und auf Austausch, auf Zusammensein und Zusammenbleiben, auf Gemeinsamkeit statt auf Einsamkeit. Sex zu wollen, viel, richtigen und guten Sex zu wollen, ist also die normalste Sache der Welt und es ist für einen Mann und (s)eine Frau unersetzlicher Bestandteil der Beziehung. Was uns zum Umkehrschluss bringt: Keinen Sex zu wollen oder keinen Sex zu haben oder auch nur schlechten Sex zu haben, ist niemals der Lebenszustand von Liebenden. Es ist ein Mangelzustand. Aber es ist weniger ein Mangel an Haut und wartenden Lippen und geöffneten Armen, sondern vor allem an Beziehung, Liebe, gewollt werden, wichtig sein, begeistern können. Ihr Körper beschreibt dann nur einen Umstand Ihres Lebens, er spricht über das Niveau der Paarbeziehung. Diese Informationen sind eine weit unterschätzte Seite der Sexualität. Man kann dem Korrespondenten Körper fast blind vertrauen, er ist geradezu seismografisch genau und immer ehrlich – Ihr Körper belügt Sie nicht.

- Wenn Sie keine Lust auf den Menschen neben sich haben, dann haben Sie in Summe keine Lust auf diese Beziehung, dann sind Sie nicht nahe, dann wollen Sie weg sein, vielleicht überhaupt und für immer, vielleicht aber auch nur heute oder jetzt oder nach diesem Streit.

– Unter der Perspektive des zu zweit ist auch Sex unter Leistungsdruck weit davon entfernt, richtiger Sex zu sein. Wenn Sie glauben, dauernd zu müssen und dauernd zu wollen bzw. dauernd wollen zu müssen, dann sind Sie dem anderen Menschen nicht wirklich nahe und angesichts dieser Selbstvergewaltigung auch nicht sich selbst.

Viel falscher Sex macht daher noch lange nicht richtigen Sex und Sie sollten ihn ebenso wie keinen Sex bzw. zu wenig Sex als das lesen, was er ist – eine Aufforderung, Ihr Beziehungsleben in Ordnung zu bringen.

Das gilt auch für den gar nicht so seltenen Fall, dass Sie als ein scheinbar attraktiver, normaler Mann und eine durchaus attraktive, normale Frau kein gemeinsames Sexualleben mehr haben, aber durch Seitensprünge scheinbar beweisen können, dass es an ihnen ja nun wirklich nicht liege. Es ist der falsche Ansatz: Ein Mann und eine Frau, die sich selbst nahe sind, sind sich immer auch körperlich nahe, übrigens bis weit ins hohe Alter, wie aktuelle Forschungen eindeutig belegen. Und sie wollen den Sex mit dem Partner/der Partnerin an ihrer Seite, nicht mit irgendjemandem. Fremdgehen ist Weggehen von sich selbst.

Für viele Paare tauchen die ersten Sexprobleme auf, wenn das erste Kind kommt. „Dann war alles vorbei.“, „Da hatte ich einfach keine Lust mehr.“, „Ich fand das dann einfach unpassend, fast obszön.“, „Sie gab mir dauernd das Gefühl, etwas Böses zu tun, als ob Sex mit einer Frau ok, aber Sex mit einer Frau, die auch Mutter ist, ganz böse sei.“ So lauten die typischen Klagen von Paaren, die sich eigentlich wollen, aber plötzlich keinen Sex mehr wollen.

Die Antwort im funktionalen Sinn ist folgende: Einer der beiden Partner betrachtet Sex als Funktion, etwa als Mittel, um Kinder zu bekommen, oder um sich etwas zu beweisen, beispielsweise Attraktivität. Es gibt auch Sex, um den Partner zu binden oder um Macht zu demonstrieren oder um in einer gefühllosen Beziehung Inseln der Gefühle zu schaffen. Wenn die jeweilige Funktion nicht gemeint ist, dann gibt es auch keinen Sex.

Denn aus Sicht des „Funktionssex" lautet die Frage ja immer – wozu? Die herzliche Antwort darauf würde lauten: zur Freude. Aus reinem Vergnügen. Am Leben, am anderen Menschen, am Zusammensein.

Das Thema „Erstes Kind – letzter Sex" beruht allerdings oft nicht auf der Funktionsbremse, sondern ist einem anderen Umstand geschuldet: Wenn Kinder kommen, kommen auch Kinderthemen – und zwar unsere eigenen. Sie werden zusammen mit Lea, Pablo, Finn, Kevin und Laura geboren und liegen wie diese dann breit und schlafraubend zwischen dem Paar. Denn wenn wir Mütter bzw. Väter werden, dann tauchen auch unsere Mütter und Väter auf, unsere Aversionen, leidvollen Erfahrungen, Abweisungen, es tauchen die Beziehungen unserer Eltern auf, wie gut oder schlecht sie sich behandelt haben, wie liebevoll oder wie lieblos, wie reif oder wie kindisch. Mit all diesen Gefühlen und den damit verbundenen Glaubenssätzen liegen wir nun buchstäblich im Bett und Ihr Mann bzw. Ihre Frau ist plötzlich nicht mehr nur Ihr Partner, er ist auch die Trägerfigur für alles, was Sie als Kind, als Jugendlicher bzw. Jugendliche erlebt und für sich als Erwachsener daraus programmiert haben.

Sex ist daher auch ein typischer Fall von Hinterzimmer: Wir nehmen das Thema aus der Beziehung heraus – dabei wäre, wie Sie ja inzwischen wissen, das Gegenteil richtig: Tragen Sie das Thema in die Partnerschaft hinein und lösen Sie es mit einem erwachsenen Programm, sprich zusammen mit Ihrem Mann bzw. Ihrer Frau. Reden Sie darüber, gehen Sie den Spuren nach. Denn Sie liegen nicht mit dem Feind im Bett, sondern mit der falschen Prägung.

Ein weiteres Thema für viele Paare ist, dass, immer wenn die Hüllen fallen, eine ungebetene Dritte mit ins Bett steigt, nämlich die Frage: „Bin ich gut im Bett?" Diese Frage sollte es eigentlich überhaupt nicht geben. Im Normalfall würden nämlich weder Mann noch Frau auf die Idee kommen, sie überhaupt zu stellen.

Wenn man also die Frage stellt: „Bin ich gut im Bett?", und darauf eine Antwort sucht, dann muss man am anderen Ende des Gedankenstrahls anfangen, nämlich bei der Frage, die wirklich den Stein hochhebt, unter dem die Antwort liegt: Warum stelle ich mir überhaupt die Frage, ob ich gut im Bett bin?

Das ist ein Phänomen, das sich gut anhand der wahrscheinlich berühmtesten Frage von allen gut nachzeichnen lässt: „Liebst Du mich"? Wenn Sie das erst einmal fragen müssen, lautet die Antwort bedauerlicherweise wohl „nein", weil Sie im Falle eines "Ja" (wenn wir von einer strahlenden, die Welt umarmenden und fast schon koketten Liebestrunkenheit, die sich nicht satt sehen und hören kann am eigenen Glück, einmal absehen) diese Frage nämlich gar nicht stellen würden.

Sex ist wie vielleicht sonst nur die Liebe der Bereich, in dem es gar nicht um „gut sein" geht. Also um Bewertung. Entsprechen. Funktionieren. Beim Sex können und dürfen wir eine ganze Menge sein, aber gut zu sein gehört eher nicht dazu. Wir müssten eigentlich nur echt sein. Und die Vermutung sei erlaubt, dass vielleicht Sex und Liebe auch deshalb so eng miteinander verbunden sind.

Nun ist echt zu sein, also die einzigartige, unverbogene Persönlichkeit, die man hinter allen Verstellungen, Rollen und Vortäuschungen wirklich darstellt, ungefähr das Schwerste, was es auf der Welt gibt. Und es gibt vielleicht nur ein Mittel, um echt zu werden, und das ist das Erleben von Leben. Echtem, ungefiltertem, tiefem und breitem Leben. Das wiederum ist ungefähr das Letzte, was die meisten Menschen wollen und ertragen und so schließt sich der Kreis – echt ist dann wirklich schwer.

Dieser Prozess des Erlebens braucht Zeit. Man muss Erfahrungen im Bett machen, um zu erfahren, was man will und was nicht. Man muss fähig sein, auf sich zu hören und sich zu äußern. Und man muss die Fähigkeit haben, das Eigene gegen das der anderen zu setzen. Und dann wird es emotional: Denn dann geht es plötzlich nicht mehr um Vorspiel oder Nachspiel, sondern um Dazugehören wollen wollen und Anerkennungssuche und ausgegrenzt fühlen und das Anderssein aushalten und sich wehren und fordern können und neinsagen und „Ja! Unbedingt!" sagen und das ist alles nicht leicht. Vor allem nicht für junge Menschen. Weil sie noch gar nicht so viel Leben haben, um ein „Ich" überhaupt herausschälen zu können.

Also wollen sie entsprechen. Passen. Richtig sein. Und der entscheidende Punkt ist, dass dann alle Vorgaben für diese Leistungen von außen kommen, von jemand anderem – aber nicht aus uns selbst.

Und genau das geht beim Sex nicht. Denn Sex will persönlich sein und herzlich und einzigartig. Und er ist nicht für andere Menschen und deren Meinung gedacht, sondern für den Einen, den Besonderen, in dem ich mich erkennen kann.

Der vorgetäuschte Orgasmus ist übrigens der absolute Tiefpunkt dieses Zustands: Es ist die maximale Anwesenheit von Außensteuerung und damit die maximale Abwesenheit von Verbindung, ganz egal, was die Gründe im Einzelnen sind. Und es sei erwähnt, dass der vorgetäuschte Orgasmus keineswegs Sache der Frauen ist, auch Männer täuschen Orgasmen vor. Die Einnahme von Viagra etwa ist im Grunde nichts anderes als ein vorgetäuschter Orgasmus und die kleine blaue Pille ist gar nicht so sehr eine Männlichkeitslüge, sie ist vor allem eine Nähelüge.

Der Leistungsdruck im Bett und das Akzeptieren des Leistungsdrucks ist aber auch eine Erklärung für ein ganz anderes Phänomen, nämlich die grassierende Lustlosigkeit (die übrigens kein Vorrecht der Frauen mehr ist, auch da haben Männer kräftig aufgeholt). Vielleicht ist die Lustlosigkeit auch ein Reflex von sehr aufmerksamen, empfindlichen und wachen Körpern gegen jede entseelte Berührung ist. Wo der Partner gemeint ist bzw. die Partnerin aber auch die ganze Leistungswelt um uns herum? Und sich die wachen und sensiblen und intakten Körper nicht auch noch beim Sex vereinnahmen lassen wollen, weil der Körper nicht ein Bereich von vielen ist, sondern etwas Besonderes. Ein direktes Tor zu unserer Seele und wenn wir ihn preisgeben an das Falsche, dann werden wir nie mehr den Weg zurück zum Richtigen finden, befürchteten wir. Und so wehren sich womöglich gerade die lustvollsten Menschen mit Lustlosigkeit gegen den falschen Sex in ihrem Bett – und damit auch gegen das falsche Leben um sie herum. Wenn wir aber Sex immer als einen Austausch zweier Seelen verstehen, wenn wir uns diesen Zauber nicht nehmen lassen, dann wird unser Sex immer gut sein. Denn das Herz ist der Körperteil von uns allen, der eindeutig am besten im Bett ist.

Probieren Sie es aus.

Urgefährlich: Die Ursprungsfamilie

Eine weitere Schwierigkeit, die das „Ich" selten lösen kann, das „Wir" aber sehr gut, ist die Bindung des Mannes bzw. der Frau an die Ursprungsfamilie. Wir alle kommen aus der Obhut einer Familie, die es mal mehr, mal wenig gut mit uns gemeint hat, wo wir es mal besser und mal schlechter hatten.

Aber immer ist diese Familie nur die Basis für das eigene Leben – wir sind aufgefordert, uns als Paar selbstständig zu entwickeln und gegebenenfalls unsere eigene Familie zu gründen. Das, was man den Energiestrahl des Lebens nennen könnte, ist nach vorne gerichtet, er verläuft von den Eltern zu den Kindern, dann zu den Partnerschaften, aus denen dann wieder Eltern werden können usw. Es gibt eine Art Flussbett der Entwicklung, hier wird der Staffelstab der Entwicklung weitergegeben und das Leben zählt darauf, dass wir ihn als Erwachsene übernehmen und dann weiterreichen. Kinder sind nicht die Energieversorger ihrer Eltern – Eltern haben Kinder nicht zur Deckung ihrer Bedürfnisse und Bedürftigkeiten.

Familien sind Orte der Kindheit und der Jugend. Es ist ihre Aufgabe den Kokon zu bilden, aus dem der Schmetterling schlüpfen kann – und wie jedes Nest dient es dazu, verlassen zu werden. Familien sind für Kinder gedacht, für Erwachsene können sie in der Regel wenig tun – Der

Entwicklungsraum für Kinder ist die Familie, der Entwicklungsraum für Erwachsene sind Partnerschaften. Nun ist es aber in vielen Partnerschaften so, dass diese notwendige Entwicklung aus der Familie heraus ins Stocken gerät, weil einer der beiden Partner seiner Kindheitsfamilie näher steht als der Beziehung. Und das ist aus zwei Gründen ein Problem:

1. Die Ursprungsfamilie ist unsere Kindheit, und die war nicht nur eine Episode aus Bullerbü, sondern oft genug eine Gespenstergeschichte und Quelle vieler unserer aktuellen Nöte; oft sogar unserer größten und der am schwierigsten zu lösenden. Davon keinen Abstand zu finden macht jede Lösung schwer. Die Familie ist ein Verbund, der es zulässt, dass vieles nicht ausgesprochen wird, dass vieles wie ein ungeschriebenes Gesetz funktioniert. Es gibt ‚Familiengesetze' die von den Eltern ausgegeben werden. In der Regel nicht schriftlich, sehr häufig nicht einmal mündlich – sondern diese Regeln werden still und unausgesprochen befolgt. Und alle Familienmitglieder haben in dieses System zu passen. Aber Entwicklung ist nicht darin zu finden, dass wir uns weiter am System von Vater oder Mutter abarbeiten, sondern indem wir nach vorne gerichtet eine neue, selbstbestimmte Welt schaffen.
2. Jede Form von „Wir" ist eine Illusion, solange nicht beide Partner mit beiden Beinen in der Beziehung stehen. Wenn der Mann oder die Frau eher den eigenen Eltern vertraut, wenn deren Wort mehr Gewicht und mehr Bedeutung hat, als das des Partners, wenn deren Geld die Beziehung am Laufen hält und alles Wichtige zuerst mit Ihnen besprochen wird - welche Position hat dann der Partner? Spielt er die erste Geige oder doch die zweite bzw. dritte? Wie kann dort Augen- oder Herzhöhe entstehen? Das verhaftet sein in der Ursprungsfamilie beraubt die Partnerschaft um die Chance, auch wirklich eine zu sein.

Sie hat viele Formen, die typischen sind:

– Man lebt mit den (Schwieger-)Eltern in deren Haus bzw. auf deren Grund und Boden oder von deren Geld.

- Man ist über eine mentale Nabelschnur mit den Eltern verbunden. Jeden Tag telefonieren, jedes Wochenende zum Sonntagsbraten erscheinen, ständig Weihnachten oder die Urlaube zusammen zu verbringen – das sind keine harmlosen Kontakte mehr, sondern seidene Schnüre, die eine Partnerschaft früher oder später erdrosseln.
- Man überlässt ihnen die Kinder zur Betreuung, auch wenn man selbst bei ihnen nicht gut aufgehoben war. Welche logistischen Probleme es auch aufwerfen mag, sich selbst um die Kinder zu kümmern - wenn Oma und Opa keine harmlosen Eltern waren, dann sind sie auch keine harmlosen Großeltern.

Davon gibt es viele Spielarten, und vielfach fördert die Bequemlichkeit des Paares diese Situation oder verschuldet sie: Natürlich ist es bequem, wenn jemand gratis auf die Kinder aufpasst, natürlich ist es bequem, materielle Vorteile von den Eltern auch als Erwachsene anzunehmen. Genauso wie sich den vielfältigen Verführungen womöglich rücksichtslos selbstsüchtiger Patriarchen („Also wenn es meine Tochter betrifft, lieber Jürgen, dann betrifft es auch mich!") oder dem gut getarnten Egoismus vampirischer Übermütter („Ich habe auch schon einen Kinderwagen für Leon gekauft. Ihr nennt ihn doch Leon, nicht wahr? Du weißt, welche Freude mir das wäre.") einfach zu ergeben. Aber ein Paar tritt an, um eine eigene Welt mit eigenen Werten und eigenen Formen zu schaffen und die Partnerschaft besteht gerade darin, dass alle tragenden Teile des realen oder bildlichen gemeinsamen Hauses auch gemeinsam ausgedacht, beschlossen und eben getragen werden. Die Rolle der (Schwieger-)Eltern wäre eine ganz andere: Der Rückzug auf die eigene Partnerschaft, nicht auf die der Kinder. Freiraum und Freude am eigenen Flug der Kinder – und dann das stolze Zusammenfalten des Nestes, das für flugfähige Vögel nicht mehr notwendig ist.

Die große Versuchung unserer Ursprungsfamilie ist letztendlich, dass wir uns in ihr keiner Konfrontation und keiner Entwicklung mehr stellen müssen. Familienleben heißt vor allem einmal Sicherheit. Man ist nicht allein, man hat Unterstützung. Blut ist dicker als Wein, selbst wenn man versagt, kann man auf die Familie zählen. Es zählt nicht der Einzelne, es zählt die Kraft aller Familienmitglieder. Man kann sich drauf verlassen, dass man getragen wird. Auch in schlechten Zeiten. Je unsicherer ein Mensch aufwächst, umso mehr wird er versuchen, im Familienverbund zu bleiben. Das hilft gegen die Angst zu versagen, das Leben zu bewältigen. Und keine Familie zu haben, war und ist immer noch schlimmer als in einer schwierigen oder katastrophalen Familie zu leben.

Dort sind wir immer noch Mamas Liebling, wenn wir früher Mamas Liebling waren und Papas Stolz, wenn wir Papas Stolz waren. Aber wir können vor unserer Entwicklung und auch vor der Auseinandersetzung mit dem Leben nicht fliehen, das mag schmerzhaft sein, aber es ist erwachsen. Und Paare bestehen aus Männern und Frauen. Sie scheitern, wenn Frauen mit Jungen und Männer mit Mädchen zusammenleben wollen.

Der Ausweg für das Paar lautet: mehr Paar. Die Liebenden müssen reden, sich offenbaren und helfen. Denn das verhaftet sein in der Ursprungsfamilie ist keine lästige Angewohnheit, die man mit den nächsten Silvestervorsätzen abschafft. Es ist ein Fall echter Not – und eine große Gefahr für die Partnerschaft. Wenn einer der Partner diese Gefahr erkennt, erntet er dafür oft Streit und Aggression. Der Vorwurf lautet im Normalfall: Zumutung, Grenzüberschreitung und Zerstörung heiler Familienbande. Aber das ist eine Illusion. Eine Ursprungsfamilie, welche die Partnerschaft gefährdet, ist eine Bedrohung und der, der das erkennt, hat Anerkennung verdient. Das vielleicht wichtigste Werkzeug für den Betroffenen ist das Vertrauen, dass der Partner die Situation besser einschätzen kann als man selbst – wenn es für meinen Mann bzw. meine Frau zu weit geht, dann geht es auch zu weit.

Aber: Egal wie schwer „Ich“ es habe. „Wir“ schaffen das.

Im Ring: vom Heiraten

Seit es Liebende gibt, wird geheiratet und die Liebe gefeiert. „Ich heirate“ ist im Grunde ein Satz, den es logisch gar nicht geben kann, es muss sinnvollerweise heißen: „Wir heiraten.“ Es geht dabei um ein großes Fest der Liebe und daran ändert auch die Tatsache nichts, dass vielfach nicht aus Liebe geheiratet wird, sondern aus Gründen, die mir ihr gar nichts zu tun haben. Paare geben sich seit jeher das Ja-Wort aus Etikette, Tradition, Statusgründen, Langeweile, falscher Romantik, zur Selbstbestätigung, Existenzsicherung und Kinderlegitimierung oder auch als Flucht vor innerlich oder äußerlich unerträglichen Verhältnissen. Das stimmt. Aber die Idee der Heirat ist für die Liebenden trotzdem die Liebe.

Und zwar die große Liebe: Der Akt des Heiratens besteht darin, dass hier eine Absage an die kleine Liebe erfolgt. Deren Trauungsritual würde nämlich ungefähr so lauten: „*Willst du den neben dir Stehenden/die neben dir Stehende X praktischerweise für eine gewisse Zeit neben dir haben, willst du Schluss machen, wenn jemand Besserer kommt und willst du die guten Zeiten gerne mit ihm teilen, die Nöte und Pleiten, zumal die von ihm/ihr vermasselten, bei aller Liebe aber nicht, so antworte mit … ‚Ja‘.*“

Nein, genau das sagen Paare nicht, die mit dem Herzen heiraten. Das Ja-Wort, das sie geben, ist für die große Liebe gemacht, die wir alle in unserem Herzen tragen und bei der wir alles, wirklich alles auf eine Karte setzen, und zwar den Herzbuben und die Herzdame: *Ja, ich meine nur dich, Liebster; ja, wir werden dieses ganze Leben zusammen bleiben, Liebste; und ja, das sollen alle wissen.*

Paare, die Liebende sind, heiraten. Punkt. Es ist tatsächlich so einfach. Die Heirat mag eine Frage der Zeit sein, und wie und wo Hochzeit gefeiert wird, ist auch eine Frage, auf die jede Zeit und jedes Paar seine eigene Antwort gibt. Aber Liebende heiraten und sie tun es aus dem berühmten ganzen Herzen. Es gibt bei allen Verliebten diesen Moment, wo das Herz sich das erste Mal so anfühlt und damit die Sehnsucht aufkommt, dass es immer so bleiben möge. Meistens ein sehr kleiner Moment, in dem sie wieder einmal hinübergreift und seinen Toast vom Frühstücksteller stiehlt, obwohl sie selbst noch einen hat; oder wenn er einfach ihre Hand nimmt und fest drückt, einfach so, in der U-Bahn oder auf der Rolltreppe, ohne ein Wort zu sagen. In einem dieser Momente spricht einer es aus, aus heiterem Himmel: „Komm, lass uns heiraten."

Es ist eine besondere Gabe, die in diesen Worten liegt, nämlich die Hingabe. Wenn Paare sich nicht trauen zu heiraten, dann ist es die Angst vor genau dieser Hingabe, die beide oder zumindest einen von ihnen hindert. Es ist ein Stück Hinterzimmer, das da zum Vorschein kommt und man muss damit umgehen wie immer mit dem Hinterzimmer – verstehen, besprechen, aber am Ende räumen.

Das gilt umso mehr, als es heute keinen anderen Grund gibt zu heiraten, als die Liebe. Moderne Männer und Frauen müssen nicht mehr heiraten, weder wenn sie die dreißig überschritten haben noch wenn ein Kind kommt und auch nicht, wenn es auf dem Arbeitsmarkt gerade schwierig ist. Eine Hochzeit ist heute eine freie Entscheidung von Liebenden und so gesehen spricht viel dafür, dass auch das Fest selbst ausschließlich ein Fest von Liebenden sein sollte – kein Ritual, keine Veranstaltung der Familie und auch kein öffentlicher Nachweis von privatem Glück. Eine Hochzeit sollte ein buchstäblich herzliches Fest sein und genau das ist sie oft nicht.

So ist die Hochzeit im Normalfall immer noch Frauensache. Es ist meist die Frau, die das Thema Heiraten und Hochzeit anspricht. Kein Hollywoodfilm mit dem Thema Hochzeit kommt ohne die Frage aus, wann er sie denn nun endlich fragen wird, immerhin sei man nun schon soundso lange zusammen – als ob es so etwas wie ein Parkometer der Gefühle gäbe. Und in demselben Film kommt dann mit etwa hundertprozentiger Wahrscheinlichkeit auch die Szene vor, in der die nun endlich Verlobte stolz den Verlobungsring zeigt, umringt von ihren klatschenden und jubelnden und vor Neid fast zerplatzenden Freundinnen. Nun kann man Hollywood viel vorwerfen, aber kaum, dass es nicht alles über unsere Träume wüsste. Der Mann ist beim Thema Hochzeit vielfach so etwas wie der erste auf der Gästeliste, der VIP unter den VIPs – es gibt Männer, die von ihrer eigenen Hochzeit nichts Handfestes wussten, bis sie vor dem Traualtar standen, und beim Brautkleid hat der Bräutigam selbstverständlich nichts mitzureden. Alle Dinge werden ohne den Mann besprochen und entschieden, und wenn er gefragt wird, dann eher in der Form einer als Frage getarnten Information: „Liebling du bist doch einverstanden, wenn wir ...“ oder „Schatz, findest du es nicht auch wunderbar, dass ...“

Das ist meist nicht böse gemeint, aber ein „Wir“ ist das nicht. Es ist ein Restritual aus sich auflösenden Zeiten, das sich gerne als Brauchtum tarnt, aber nur Rollen festlegt, die es längst nicht mehr gibt. Die Frauen und die Männer sollten sich davon frei machen – und ihre Hochzeit als Mann und Frau planen.

Genauso verhält es sich mit dem Zwang zur Öffentlichkeit einer Hochzeit. Es ist überhaupt nicht selbstverständlich, dass ein so privates, fast intimes Fest wie die Hochzeit unausgesprochen als öffentliches Ereignis verstanden wird. Auf jeden Fall als Familienfest. Die Familie nicht dabeizuhaben bzw. nur Teile von ihr ist bis heute praktisch undenkbar – warum eigentlich? Und wenn uns Shakespeares Romeo und Julia heute noch etwas zu sagen haben, dann vielleicht genau das: Da lieben sich zwei wirklich nur für sich selbst und ohne jeden Gedanken an Familie oder Außenwelt und ohne den Gedanken, dass sie diesen etwas schulden würden.

Denn mit dieser Öffentlichkeit und Anbindung an die Außenwelt bekommt jede Hochzeit unweigerlich einen Focus auf äußere Dinge: Es ist plötzlich enorm wichtig, was die anderen wollen, die anderen denken, die anderen gemacht haben. Es gibt Erwartungen, die man erfüllen soll, und bei manchen Hochzeiten hat man den Eindruck, sie dienten nur dazu, irgendjemandes Erwartungen zu erfüllen – nur nicht die des Paares. Erst wenn alle begeistert sind, ist in dieser Konstellation auch das Brautpaar begeistert, aber wenn auch nur eine Tante meckert oder eine Person die Feier mit spitzen Lippen als „nett“ tituliert oder anmerkt:

„... bei Heike und Sebastian, also da war es irgendwie ...“, dann stürzen sich Hochzeitspaare gerne verzweifelt auf Hotelbetten oder an die Bar. Dann scheint der ganze Aufwand umsonst gewesen zu sein. Und der nächste Kontoauszug wird ziemlich überzeugend beweisen, dass es das auf gar keinen Fall war.

Damit kein Missverständnis entsteht: Es ist wunderschön, einmal für einen Tag alle Gedanken an Geld zu verbannen und sich das Beste von allem zu gönnen, ein nobles Hotel, Service, Seide, Seegrundstück, Prada und Porsche und Popband, Champagner und Hummer und auch einen Schokospringbrunnen für das Dessert. Gerne soll diese Freiheit von allen materiellen Sorgen auch als Symbol für das zukünftige Wohlergehen des Brautpaares gelten. Aber wenn es nicht annähernd dem bestehenden Leben des Brautpaares entspricht, wenn all das mit Schulden und der Angst vor der Meinung anderer zustande kommt, dann ist das kein Fest der Liebe, sondern eine Inszenierung. Und womöglich spiegelt sie die verborgene Sehnsucht der Brautleute wider (oder zumindest eines von ihnen), mehr zu sein als sie sind. Und das ist für die Zukunft ein eher schlechtes Omen als ein vielversprechendes Symbol.

Die Hochzeit ist eines der individuellsten und persönlichsten Feste, die Mann und Frau im Laufe eines Lebens feiern. Und so wie kein Paar wie das andere ist, würde man vermuten, dass eigentlich auch keine Hochzeit wie die andere ist. Aber genau das ist nicht der Fall – die Individualität und Einzigartigkeit des Paares feiern Hochzeiten selten. Sie sind eher standardisierte Veranstaltungen, die einem vorgegebenen Protokoll folgen, gegen das eine Papstwahl fast als Überraschungsparty gelten kann.

Das ist erstaunlich, denn de facto hindert nichts und niemand ein Paar daran, das Fest ganz nach seinen individuellen Vorstellungen auszurichten – wenn Sie in Jeans heiraten wollen, heiraten Sie in Jeans. Wenn Sie im Park mit der Band des örtlichen Gymnasiums feiern wollen, feiern Sie im Park mit der Band des örtlichen Gymnasiums. Wenn Sie nur zu zweit heiraten wollen, heiraten Sie nur zu zweit (Sie brauchen übrigens in der EU nicht einmal mehr Trauzeugen.) Wenn Sie einen Ring aus

Kupfer möchten, gut, und wenn der Januar Ihr Hochzeitsmonat sein soll, herrlich, und wenn Sie mit den Rädern zur Kirche und danach zu einem Picknick am See fahren – machen Sie's!

Neunzig Prozent aller Hochzeiten finden im Mai oder Juni statt, terminlich motivierte Bestechungsversuche an Pfarrern und Standesbeamten sind gang und gäbe. Für die meisten Paare ist eine Hochzeit ohne Hochzeitsreise undenkbar, wer jetzt glaubt, die Welt sei groß, irrt gewaltig: Fünf Destinationen decken mehr als die Hälfte aller Hochzeitsreisen ab, das sind Mauritius, die Seychellen und die Malediven, sowie Venedig und Paris. Schon die kalifornischen Hippies standen zu Tausenden barfuß und blumenbekränzt in Feldern und lauschten einem vermeintlichen indischen Guru, der mit etwas Pech nur der Besitzer des örtlichen Curryrestaurants war. Und wenn Düsseldorfer Börsenmakler und Berliner Immobilienentwickler Trachtenhochzeiten im Salzkammergut ausrichten, dann darf man auch schon mal daran denken, schnell das Weite zu suchen.

Eine Hochzeit von Liebenden sollte auch nur eine Angelegenheit der Liebe sein. Der Liebe zwischen einem Mann und einer Frau. Heiraten ist dann das Fest von zwei Liebenden für zwei Liebende – drei Ideen, die Sie sich trauen sollten:

– Planen Sie Ihre Hochzeit als Mann und Frau gemeinsam.

  Moderne Paare suchen, planen und entscheiden alles an ihrer Hochzeit gemeinsam und die Freude daran ist ihnen schon das halbe Fest. Tolle Ideen, seltsame Luftschlösser, mutige Innovationen, alte Ängste und aufgedeckte Illusionen oder plötzliche Kindheitserinnerungen – schon was Sie dabei alles besprechen können, ist das Teilen wert. Und geteiltes Leid mag halbes Leid sein – geteilte Freude ist immer doppelte Freude.

  Die Eltern, vor allem die Mütter, sind bei Hochzeiten nicht als Befehlshaber und Einmischer gefragt, sondern als Sich-Freuende und gerne auch Abschiednehmende. Ihre beste Rolle ist zu strahlen und ihre besten Tanzschritte auszupacken, wenn es so weit ist. Das ist auch das größte Hochzeitsgeschenk, das Mütter dem heiratenden Kind machen können – ihre Freude und den Stolz zu zeigen darüber, dass es jetzt allein seinen Weg durchs Leben geht.

– Ihre Hochzeit ist Privatsache und nur so öffentlich, wie Sie es wollen.

Sie können ein großes Fest machen oder ein kleines Fest oder auch gar kein Fest – machen Sie es so, wie es Ihnen entspricht. Wenn Sie wollen, feiern Sie zu zweit oder nur mit dem Freund, auf dessen Party Sie sich einst kennengelernt haben. Heiraten Sie im Mailänder Dom, wenn Sie wollen oder in einer Wallfahrtskapelle im Allgäu, wenn Ihnen da vielleicht Ihr Mann bzw. Ihre Frau das erste Mal über den Weg gelaufen ist. Wenn es Kinder gibt, können Sie auch nur mit diesen heiraten, vielleicht sind sie Ihnen aber auch eine zu große Ablenkung, dann heiraten Sie alleine und feiern später mit ihnen ein Fest.

Das ist generell eine gute Möglichkeit: Trauung und Fest müssen nicht zusammenfallen, Sie können beides trennen und damit viele organisatorische und gestalterische Freiheiten gewinnen. Denn dann können Sie beispielsweise im Winter klein und intim heiraten und im Sommer ein rauschendes Fest feiern oder umgekehrt.

– Heiraten Sie so, wie Sie es wollen.

Der Gesetzgeber hinkt in der Regel immer etwas hinter der gesellschaftlichen Entwicklung her, aber in diesem Fall scheint er ausnahmsweise den meisten Paaren weit voraus zu sein. Es gibt kaum noch Vorschriften und Gesetze für Hochzeiten. Sie sind nur noch in unseren Köpfen: Sie können heute in praktisch jedem Land der Welt heiraten, innerhalb der EU ist es besonders problemlos.

Trauzeugen brauchen Sie keine mehr und Standesbeamte kommen immer öfter auch aus ihren Ämtern heraus – mit etwas Glück und Überredungskunst trauen sie Paare dann auch auf Berggipfeln, an Flüssen und im Boot in der Mitte eines Alpensees.

Kleidungsvorschriften? Ach – ziehen Sie doch an, worin Sie sich schön und begehrenswert fühlen bzw. was Ihnen entspricht. Die meisten Frauen sehen in den meist zu engen, hell glänzenden Hochzeitskleidern eher unvorteilhaft aus und bemühte Laszivität ist für eine Braut selten das Richtige. Und wenn man blass ist (was in zehn Monaten des Jahres die meisten von uns sind), dann wird es meistens nur noch schlimmer durch die Idee, diese Blässe durch ein Übermaß an Schminke oder das örtliche Solarium korrigieren zu wollen. Wie man im Laufe einer Hochzeit merkt, ist es auch nicht jedem Paar gegeben, sich in Anzug und Robe souverän und elegant zu bewegen, die meisten stolpern früher oder später ziemlich bemüht auf schon schmerzhaft aussehenden Schuhen und mit eindeutig halsabschneiderischen Hemdkrägen durch ihr Fest und wünschten, sie würden etwas Bequemes und für sie Passendes anhaben. Es müssen ja nicht Jeans und Turnschuhe sein – aber was spricht gegen ein edles Kostüm? Das sündteure Jil-Sander-Kleid in Ihrem Schrank? Das wirklich tolle Gucci-Teil, das Sie neulich im Schaufenster gesehen haben und das Sie jetzt ja aus gutem Grund kaufen könnten? Und natürlich können Sie ein wunderbares schwarzes Kleid als Brautkleid tragen.

Für Männer gilt dasselbe: Ziehen Sie an, was Sie sind. Zeigen Sie Stil, nicht Konvention. Und zwar Ihren Stil. Warum sich viele Männer in Smoking oder Cut oder weiße Anzüge zwängen, wo sie selten gute Figur machen und immer irgendwie nach Erstkommunion aussehen, ist wahrscheinlich sogar ihren Frauen ein Rätsel. Ja, Sie können natürlich einladen, wen Sie wollen und daher auch ausladen, wen Sie wollen. Und Ihre Hochzeitsreise kann natürlich mit dem Rad einmal um den Bodensee führen oder mit einem Hausboot einen der französischen Kanäle entlang. Und in der

Hochzeitsnacht können Sie auch zum zehnten Mal *Out of Africa* anschauen oder einfach einschlafen.

„Hoch-Zeit" ist ein schönes Wort. Es bedeutet, dass Sie mit all Ihren Träumen und Wünschen hoch zielen sollten. Und wenn Sie sich nicht sicher sind, dann stellen Sie sich und dem zukünftigen Mann bzw. der zukünftigen Frau an Ihrer Seite einfach die Frage, die immer die Antwort bringt: Was würde die Liebe tun?

Lang lebe die Liebe: über das Alter

Philemon und Baucis sind wahrscheinlich neben Helena und Paris das schönste Liebespaar der griechischen Sagenwelt. Kennen Sie Ihre Geschichte? Die beiden sind ein altes, fast schon gebrechliches Ehepaar, das in einer ärmlichen Hütte am Stadtrand lebt. Sie besitzen fast nichts außer ihrer Liebe zueinander, aber als zwei arme Wanderer klopfen und um ein Quartier bitten, öffnen sie sofort ihre Tür, bitten die Gäste herein und bewirten sie mit allem, was sie haben. Durch einen Zufall erkennen sie, dass die beiden Wanderer Götter sind, die auf der Erde wandeln; sofort entschuldigen sie sich für das karge Mahl. Die Götter jedoch belohnen Philemon und Baucis für ihre Großzügigkeit und Gastfreundschaft, indem sie ihnen einen Wunsch freistellen. Das Paar, das in tiefer Liebe verbunden ist, erbittet sich, niemals, wirklich niemals getrennt zu werden und das bedeutet für sie, gleichzeitig sterben zu dürfen. An ihrem Lebensende halten die Götter Wort – sie verwandeln die beiden Liebenden in zwei dicht nebeneinander stehende Bäume, Philemon wird eine Eiche, Baucis eine Linde. Und über das Rascheln ihrer Blätter bleiben sie für ewig miteinander verbunden.

Wir werden heute im Durchschnitt über 80 Jahre alt, es hat noch keine Generation so lange gelebt; still und heimlich ist diese Entwicklung dabei, das Leben moderner Paare zu verändern. Und zwar auf fundamentale Weise – so wie Philemon und Baucis.

Die längere Lebenszeit verschiebt das Verhältnis von funktionaler Liebe und herzlicher Liebe ganz enorm – und zwar in Richtung Herz. Es ist ein einfaches Rechenbeispiel: Wenn wir einmal den statistischen Durchschnitt nehmen, dann gibt es bis zur Lebensmitte vor allem Funktionsebene, danach verliert sie ihre Bedeutung. Es ist geklärt, wo und wie wir leben wollen, wir haben unsere Position im Beruf, die Karriere hat ihre heiße Phase hinter sich, das Haus oder die Wohnung sind gekauft und die Kinder werden mit der Schule fertig und schicken sich an, das Elternhaus zu verlassen. Einem modernen Paar stehen also 25 bis 30 Jahre bevor, in denen die Funktionsebene gar nicht mehr die Bedeutung haben kann, die sie bisher hatte. Jetzt kommt die große Zeit der Zweisamkeit – oder die lange Zeit der Einsamkeit.

Das spiegelt sich im Lebensgefühl: In dieser Lebensmitte werden wird uns oft schmerzhaft deutlich bewusst, dass wir auf ein Ende zugehen – das Gefühl, dass die Lebenszeit unbegrenzt ist, geht verloren. Und zum ersten Mal wird uns vielleicht klar, dass wir viele Dinge im Leben doch nicht mehr erreichen werden: Klavierspielen, ein Kind adoptieren, ein Haus bauen, das Restaurant eröffnen, Chinesisch sprechen, ein Unternehmen gründen, aufs Land ziehen, ein Jahr in Sydney leben. Viele unserer Lebensziele brauchen jetzt unsere Entscheidung – oder sie sind für immer außer Reichweite.

Einsam zu sein und allein auf der Welt zu stehen ist der größte Unglücksfaktor im Alter. Menschen sind kranker, wenn sie ab 60 alleine sind, sie sind weniger mobil und auch wesentlich anfälliger für psychosomatische Störungen bzw. Depressionen. Natürlich gibt es neben dem Paarleben auch die Familie und den Freundeskreis. Sie können diese Rolle ebenfalls gut ausfüllen und die Seele nähren. Aber es ist nicht dasselbe, nicht in der Qualität und nicht in der Nähe – und das gilt insbesondere für Männer.

Für Männer ist das Problem der Einsamkeit im Alter ein ganz besonderes, weil Männer von den „Ersatzsystemen" Familie und Freundeskreis eher ausgeschlossen sind als Frauen. Denn wenn Männer bis in die mittleren Jahre nicht ernsthaft die alten Rollenmodelle abgelegt haben, dann sehen sie im Alter typischerweise tatsächlich alt aus – sie haben dann ihre Bedeutung im Paarleben und ihren Selbstwert vornehmlich aus dem Beruf gezogen und insbesondere mit dem damit verbundenen Verdienen von Geld. Und das tun sie fast immer zulasten ihrer sozialen Verbindungen. Wenn also der Beruf wegfällt, sinken die Bedeutung und der Selbstwert von Männern dramatisch. Überspitzt gesagt steht die Frage im Raum, wer sie eigentlich noch braucht (dazu gehört übrigens auch das Tabu des Wegfalls der sexuellen Potenz bei Männern, worüber Frauen im geschützten Gespräch der Therapie übrigens viel öfter klagen, als gemeinhin angenommen wird; Sex ist eben auch ein emotionaler Ort der Begegnung und wenn Männer dazu nicht mehr in der Lage sind bzw. gar keine Libido mehr entwickeln, dann trennt das die Frauen von ihnen.) Im Alter übernimmt Vater Staat mit Rente und Pensionszahlung die materielle Versorgung, Mann (!) ist dann eben nicht mehr so unverzichtbar und tonangebend, wie das vielleicht die 30, 40 Jahre davor war.

Und dann macht sich die soziale Verarmung bemerkbar, die oft die Folge des wirtschaftlichen Erfolgs der Männer ist – die meisten Männer stellen im Ruhestand fest, dass sie zwar Karriere gemacht haben, aber keine Beziehungen gelebt haben. Was sie bis dahin irgendwie Freunde nannten, stellt sich dann vor allem als Geschäftsfreunde heraus und das ist etwas ganz anderes. Und wenn es das Geschäft nicht mehr gibt, gibt es vielfach auch diese nicht mehr. Männer fallen im Alter öfter und härter als Frauen in ein emotionales Loch, das sie selbst verursacht haben und in dem sich dann der größte Verlust von allen mit aller Deutlichkeit zeigt – der Verlust der Kinder. Die meisten Männer sind im Alter erschreckend weit von ihren Kindern entfernt, und das Tragische daran ist, dass sie meistens unkorrigierbar weit entfernt sind. Wenn ihr Vatermodell tatsächlich das des arbeitenden, abwesenden und die Kinder der Mutter überlassenden Mannes war, dann kommt jetzt nämlich eine schreckliche Rechnung – es gibt keine Beziehung zu den Kindern. Die Männer haben sie bisher nicht aufwachsen sehen, sich nicht um sie gekümmert, kein Verhältnis zu ihnen gehabt, als die Söhne und Töchter zwei, sechs, zehn und 15 Jahre jung waren, wie sollten sie dann eines haben, wenn sie 30 oder 40 Jahre alt sind?

Diese Väter waren nicht beim ersten Schultag und nicht beim Arzt, sie waren nicht auf den Elternabenden und haben nicht mit ihnen Mathematik, Englisch oder Latein gelernt, sie haben die Berufswünsche nicht besprochen und den ersten Freund bzw. die erste Freundin niemals kennengelernt und die kleinen Liebenswürdigkeiten aus denen die Liebe besteht, die haben sie mit hoher Wahrscheinlichkeit sowieso nicht gepflegt – wo soll dann die Nähe und Bindung zu den Kindern herkommen? Tut sie dann auch nicht. Und das Ergebnis sind dann Männer jenseits der 60, die einsam sind und ohne Bindung an irgendetwas, und die deshalb oft so kalt ist, weil sie wissen, dass diese Dinge jetzt nicht leicht und manche auch gar nicht wiedergutzumachen sind. Männer reagieren dann oft auf die einzige Art, die ihnen bleibt: Sie werden bedürftig und krank, sie erzwingen die Aufmerksamkeit, die ihnen niemand freiwillig geben mag. Das hat mit Mannsein natürlich wenig zu tun, mit Vatersein natürlich noch viel weniger, das ist aus psychologischer Sicht ein Rückfall ins Kindsein und unter Erwachsenen gesagt ist das schlichtweg Erpressung, auf die sich das Umfeld natürlich nicht einmal ansatzweise einlassen darf.

Interessanterweise gibt es zwischen 60 und 65 eine der höchsten Scheidungsraten aller Altersabschnitte – und während im Durchschnitt knapp 60 Prozent aller Scheidungen von den Frauen eingereicht werden, sind es hier weitaus mehr. Ein untrügliches Indiz dafür, dass es vor allem die Frauen sind, die mehr vom Leben wollen und die auch im Alter mehr vom Leben wollen, als einen alten, verbitterten Mann, der sich nie um sie gekümmert hat und jetzt womöglich erwartet, dass sich trotzdem alle um ihn kümmern, zumindest seine Frau.

Die längere Lebenszeit ist also ein wichtiges Argument dafür, sich als Paar rechtzeitig und tief mit dem Paarleben zu beschäftigen. Und zwar auf der Herzebene. Denn wenn es bis zur Lebensmitte nichts gibt außer Funktion, und diese Funktion sich auflöst, dann warten tatsächlich 20 oder 30 Jahre Langeweile, Freudlosigkeit und Entfremdung auf Sie. Dieser Ausblick ist so schrecklich, dass wir oft erleben, dass „Herzrüttler" erzählen, dass genau dieser Gedanke, diese Perspektive sie zu einem echten Aufbruch, zur Wende, zu einem Ultimatum oder bei Verweigerung des

Partners, zur Trennung bewogen habe: Der Gedanke, dass zwischen dem Auszug des letzten Kindes und dem Beginn des Ruhestandes tatsächlich nur noch ein jahrelanges Absitzen der Zeit neben einem Menschen wartet, mit dem es keine Liebe und nichts Liebevolles gibt – und dass man in dieser Lieblosigkeit tatsächlich alt werden und auch wird sterben müssen, das ist Menschen mit Herz dann doch zu viel des Schlechten.

Es taucht der Gedanke auf, dass es das ja wohl wirklich nicht sein kann. Dass man nicht so alt und so kräftig geworden ist, um dann in der Langeweile zu versanden. Das kann das Leben nicht gewollt haben. Und Sie können uns glauben – das hat es auch nicht. Im Gegenteil: Fast nichts ist so schön wie ein altes, still lächelndes Paar, das gemeinsam die Welt durchmessen hat, das mit- und aneinander gewachsen ist und sich und seiner Geschichte herzlich verbunden ist. Es ist das pure Glück. Übrigens: Immer wenn wir beide eine Linde sehen, schauen wir kurz nach, ob eine Eiche daneben steht. Das ist selten. Sehr. Aber wenn, stehen die beiden Bäume sich tatsächlich meist ungewöhnlich nah.

Modernes Paarleben heißt auch: Niemand muss mehr in einer schlechten Beziehung bleiben, nur weil das Alter bevorsteht. Das Alter ist vielmehr längst eines der besten Argumente dafür geworden, herzlich und liebevoll miteinander zu leben, wenn man jung ist. Denn das Herz ist nicht wie eine Schachtel, die sich füllt, wenn man Liebe hineintut, bis sie eben eines schönen Tages voll ist. Das Herz dehnt sich aus und wird größer, wenn man liebt. Und wenn sie nicht gestorben sind, dann wird es größer und größer und es trägt uns alle locker auch durch jede steigende Lebenserwartung.

Oder sollten wir besser steigende Liebeserwartung sagen?

Nachwort: Jeder Single ist ein halbes Paar

Sie lesen richtig:

Das ist eindeutig ein Paarbuch, aber das letzte Kapitel ist den Singles gewidmet. Ausgerechnet. Singles sehnen sich wie alle anderen Menschen nach Liebe und Partnerschaft. Vielleicht sogar noch mehr, aber sie können dieser Sehnsucht weniger gut als alle anderen nachgeben. Und das große Hindernis heißt meistens gar nicht Bequemlichkeit oder Egoismus – es ist Angst vor Verletzung.

In Deutschland leben rund 16 Millionen Singles. In der Schweiz sind es knapp 1,4 Millionen, in Österreich etwas mehr als 1,3 Millionen Männer und Frauen, die morgens alleine aufwachen und abends alleine ins Bett gehen; die beim Bäcker immer fragen, ob man die großen Brotlaibe auch halb bzw. geviertelt haben kann und sich in Hotels für die Einzelzimmerzuschläge interessieren. Ein Singleland nur mit diesen Menschen wäre fast so groß wie Australien – das ist ein ziemlich großes Land, aber tief drinnen möchte es vermutlich lieber ein sehr, sehr kleines Land sein. Denn aller Erfahrung und allen Gesprächen nach sind Singles gar nicht am Alleinsein interessiert. Sie finden nur das Zu-Zweit-Sein so anstrengend und verletzend.

Die meisten Singles sind überhaupt keine gefühlskalten und herzlosen Hagestolze oder narzisstische Snobs, die sich aus der Beziehungswelt gerne die Rosinen rauspicken wollen. Die gibt es auch, das stimmt, und für sie kann auch dieses Buch nichts tun, aber die für die Mehrheit gilt etwas anderes:

Der Wunsch Single zu sein ist fast immer das Ergebnis großer Verletzlichkeit; er ist das Ergebnis von Angst vor Herzberührung und der übermächtige Wunsch, nicht mehr verletzt zu werden und nicht mehr unter einem Partner leiden zu müssen, aber Sehnsucht gibt es in ihnen auch. Sie atmet flach, diese Sehnsucht, das mag stimmen, aber das Herz eines Singles ist nicht weniger Herz als alle anderen Herzen: Es weiß, dass kein

Mann und keine Frau alleine das wahre Glück finden kann und das sagt es seinem Besitzer bzw. seiner Besitzerin auch. Nicht so direkt, nicht mitten ins Gesicht, eher mit kleinen emotionalen Post-Its, mit regelmäßigen Botschaften vom Herz an den Kopf. Jeder Single weiß, dass es nicht spannend ist, alleine an einem Hotelfrühstückstisch zu sitzen; dass es überhaupt nicht toll ist, keinen Sex zu haben; das wenig an einem Urlaub allein Zauber hat; und dass es einfach nur klein und wenig ist, wenn ein erwachsener Mensch alleine eine Wohnung betritt, in der nichts und niemand auf einen wartet außer der Katze und manchmal nicht einmal die. Das Herz macht auch unmissverständlich klar, dass es nicht spannend ist, wenn man immer nur die Kinder der Freunde bzw. der Freundinnen im Arm hält.

Um das auszuhalten, legen Singles deshalb über diese Sehnsucht eine große Betondecke, unter der sie ihre intakte Sehnsucht de facto lebendig begraben. Es ist im Grunde eine furchtbare Tat, aber sie geschieht aus innerer Not, wegen der man jeden Singlemann und jede Singlefrau umarmen müsste – ohne diese Betondecke lässt sich der Spagat zwischen dem Ich-will-Ja! Und dem Ich-kann-nicht! einfach nicht meistern, dieses dauernde Melden des Herzens funkt dazwischen.

Aber sterben lassen Singles ihre Sehnsucht auch selten, sie sorgen immer für genug „Belüftung", hoffend, dass eines Tages ... eines schönen Tages ... vielleicht doch noch der oder die Richtige kommt. Für ihr Singleleben errichten sie dann einen Grabstein mit einer Inschrift nur für sich über die beständig funkende und Signal gebende und damit verdammt nervende und auch verdammt schmerzende Sehnsucht:

- „Erzählt mir nichts: Im echten Leben gibt es eben keine guten Paare."
- „Am Ende tut die Liebe immer weh, da ist es besser alleine zu leben."
- „Wenn man so dick/dumm/beschäftigt ist wie ich, findet man eben niemanden."

Und so weiter und so fort. Und es gibt zwei Arten, für sich „Grabpflege" zu betreiben: Manche Singles sind sehr aktiv, sie arbeiten viel und erfolgreich, konzentrieren sich aufs Geldverdienen, auf Sport, die Freunde, auf Reisen, sie lassen die ganze Welt hochleben – nur nicht die Beziehungswelt. Sie genießen das ganze Leben – nur nicht das Liebesleben. Shoppen ist auch ganz wichtig, das Neueste dies und das Neueste das gibt Ihnen ein gutes Gefühl von Erfüllung, das leider täuscht: Denn egal wie oft Sie als Single unterwegs und beschäftigt sind, irgendwann müssen sie zurück in die häusliche Einsamkeit. Denn jede Freundin und jeder Kumpel geht irgendwann, jeder Job ist irgendwann einmal erledigt, nach jedem Sport braucht der Körper Ruhe, jedes Internet-Ablenkungsangebot macht mit der Zeit müde und jede Soap und jede Folge von *Sex and the City* hinterlassen am Ende nur ein etwas stärker pochendes Herz. Weil diese Singles so präsent sind und sich auch lautstark artikulieren, dominieren sie das öffentliche Bild des hippen, jungen, tatsächlich besser und freier lebenden Menschen, aber wir haben den starken Verdacht, dass diese Gruppe nicht die Singles-Mehrheit ist. Die meisten Singles ziehen sich eher zurück, sie werden häuslich und einsam, streicheln die Katze und die Fernbedienung oder die Computer-Tastatur. Sie nehmen sich tatsächlich aus dem Spiel und versinken in einem melancholischen Tête-à-tête mit sich selbst.

Was liebt man, wenn man niemanden liebt? Das ist eine gute Frage für Singles und egal, zu welcher Fraktion Singles gehören, sie teilen einige Gemeinsamkeiten. So sind beispielsweise Freunde enorm wichtig, Tierliebe ist bei Singles sehr ausgeprägt, der Hund oder die Katze liefern dann die Wärme, die das Herz sucht. Das tut auch die eigene Familie, die meist eine große Rolle spielt – wenn nicht die Eltern selbst, dann die Nichten und Neffen, für die man so viel Onkel und Tante ist, wie man nur kann, weil es dem Gefühl von Vater- oder Muttersein eben am nächsten kommt. Paare mögen Singles dagegen nicht so gern: Für die eigene Schmerzlinderung und als Rechtfertigung auch vor sich selbst konzentrieren sie sich vor allem auf schlechte und kriselnde Paare. Denn der Standardsatz von Singles lautet zumindest in einem wahrhaftigen Moment ja nicht: *„Ich will keine Beziehung, weil ...*", er lautet: *„Ja wo sind Sie denn die glücklichen Paare? Mhm?"* Singles haben daher ihre Aufmerksamkeit eher auf die Krisen und das Scheitern um sie herum ausgerichtet, nicht so sehr auf das Gelingen. Meistens wissen sie als Erste von Affären und Trennungen und so groß ihr Mitgefühl dabei auch sein mag, klammheimlich erleichtert es sie.

Was vielleicht am gefährlichsten für Singles ist, ist allerdings eine lange Dauer des Singledaseins. Denn je länger kein Mensch mein Leben, Innenleben, mit mir geteilt hat, je länger mein Leben nicht durch einen mir sehr am Herzen liegenden Menschen beobachtet, begleitet, beschrieben wird, umso länger und schwieriger wird der Rückweg, umso geringer wird die Kraft, die letztendlich die Sehnsucht und damit die Suche nach dem Glück in der Partnerschaft zulassen kann.

Und irgendwann glaubt man als Single dann selbst nicht mehr daran, dass man spannend, interessant und liebenswert ist. Da gilt man mit den Jahren womöglich als Sonderling und Eigenbrötler, aber vor allem beginnt man sich selbst so wahrzunehmen – man beginnt, sich schlechter zu machen als man sich selbst schon fühlt. Und dieses Gefühl der Verhärtung durchschlägt dann auch Amors Pfeil nicht mehr, selbst wenn er trifft: Langjährige Singles sind oft nicht einmal mehr dann erreichbar, wenn Mr. oder Mrs. Right direkt vor ihnen auftaucht. Es ist, als ob das rettende Schiff einfach an der Insel vorbeifährt, auf die sich das Herz gerettet hat und das Herz schreit, aber das leise Krächzen, das da noch herauskommt, dringt nicht mehr bis zum rettenden Ozeanriesen, der zum Greifen nah mit allem, was die Sehnsucht sich wünschen würde, vorbeizieht und entschwindet.

Das ist wirkliches Unglück. Und es betrifft übrigens meistens eine Singlegruppe, die mit dem Begriff Singles oft gar nicht in Verbindung gebracht wird: Die Getrennten bzw. Geschiedenen und Verwitweten um die 45 oder 50, die noch jede Menge Zeit für eine Beziehung hätten und jede Menge Gelegenheit sowieso, aber die wie traumatisierte Kinder lieber auf die „Single-Insel“ flüchten und dort nur noch den vorbeiziehenden Schiffen zusehen. Ihnen möchten wir eine Geschichte widmen:

K. war nach einer Scheidung so verletzt, gedemütigt und enttäuscht, dass sie für einen Mann einfach keinen Platz mehr in ihrem Herzen hatte. Sie träumte oft davon, sich zu verlieben, sie beantwortete das eine oder andere Mal auch Avancen und Kontaktanzeigen, ihre Tochter schenkte ihr zum 50. Geburtstag sogar eine Parship-Mitgliedschaft. Aber sie traute sich niemals mehr wirklich hinaus, öffnete sich niemals wirklich mehr dem Gedanken, eine neue Beziehung zu führen.

Sie tröstete sich mit Lesen und langen Wanderungen durch die Natur, die sie immer als beruhigend empfand. Kurz bevor sie 70 wurde, begann sie sich mit dem Gedanken anzufreunden ihre Wohnung aufzugeben und in eine Alterseinrichtung zu ziehen. Sie fuhr selbst verschiedene Häuser ab und machte dort neben einer Führung immer auch ein Probeessen, denn das Essen, das war ihr wichtig. Bei einem dieser Essen saß sie neben einem rund 70-jährigen Mann, der sie unentwegt ansah. So kamen sie ins Gespräch und er riet ihr, auf gar keinen Fall ins Heim zu gehen, ein Tag als Löwin wäre besser als ein Jahrzehnt als Maus, wie er sagte. Das gefiel ihr.

Sie amüsierte sich wie lange nicht bei diesem Gespräch, sie nahm zweimal das Dessert, nur um länger reden zu können und als sie am Abend ins Bett ging, konnte sie ihr Herz pochen hören und sie wusste – sie war verliebt. Sie hatte sich mit fast 70 in einen fast 70-Jährigen verliebt und vor lauter Verwirrung konnte sie die ganze Nacht nicht schlafen. Am nächsten Morgen fuhr sie ins das Alterszentrum und schlug dem Mann vor, zusammenzuziehen. Er hieß Leon und sagte sofort ja. Sie wohnen heute zusammen, seit über drei Jahren nun schon und sie sind glücklich und sich sicher, dass ihre Zeit erst begonnen hat. Und als wir K. das letzte Mal trafen, sagte sie, dass sie jede Sekunde bereut, die sie unter der Betondecke verbracht hat – und dass man wartet, weil man glaubt, der Richtige müsse erst kommen, dabei ist es umgekehrt: Wenn man aufhört zu warten und anfängt zu wollen, dann kommt der Richtige.

Wir leben heute in einer Zeit, die es Singles leicht macht: Es gibt Parship, Elite und Tinder, After-Office-Partys, Speed Dating und Single-Urlaubsangebote, Sex an jeder Ecke und auf jedem Computer sowie Berufe, die uns problemlos rund um die Uhr beschäftigen und ablenken. Gesellschaftlich geächtet wird auch niemand mehr, der alleine lebt. Aber das leichte Singleleben ist eine Falle: Es hilft Ihnen nur beim leichter Aushalten des falschen Lebens, es hilft Ihnen nicht beim leichter Erreichen des Richtigen.

K. ist ein Glücksfall, auf den alle Singles hoffen sollten. Die Liebe meidet Spötter und Zyniker, sie kommt zu denen, die sie erwarten und willkommen heißen, da ist sie uns Menschen sehr ähnlich. Das Zugeben der Sehnsucht ist daher der Anfang von allem. Wenn Sie beginnen zu sehnen und zu träumen und zu wünschen und zu wollen und zu verstehen, dass Sie als Single eigentlich schon ein halbes Paar sind, dann dauert es auch nicht mehr lange, bis Sie ein Ganzes werden.

Sie haben unser Wort.